청소년을 위한
김난도 교수의 트렌드 수업

1

청소년을 위한

김난도 교수의 트렌드 수업

1

김난도 지음

미래의창

들어가며

여러분은 세상이 참 빨리 바뀐다는 생각을 해본 적이 있나요?

학교 - 학원 - 스카(스터디카페)를 오고 가는 바쁜 일상에서도, 친구들과 재미있는 쇼츠를 공유하고 틱톡 챌린지에 도전하며, 탕후루와 마라탕, 로제떡볶이를 사먹는 재미는 포기할수 없을 거예요. 오늘은 친구가 가방에 신상 키링을 달았는데 그게 또 얼마나 예쁘던지, 이번 주말에는 팝업스토어에 가서 새벽부터 줄을 서더라도 꼭 그 한정판 키링을 사고 말리라 다짐하기도 합니다. 간 김에 요즘 유행하는 포토부스에서 사진도 몇 장 찍어줘야 되겠죠? 친구들과 수다를 떨려면 전 세계 OTT 1위 한다는 그 드라마를 봐야 하는데, 정주행할 시간은 없고, 유튜브에서 잘 만든 요약 영상이라도 봐야 하나 고민 중이에요. 요샌 참 할 일은 많고 시간은 부족한 것 같아요.

근데 참 이상하죠? 인기 있는 아이템들은 왜 이렇게 끊임없이 새로 나타나는 걸까요? 공부하기도 바쁜데 따라잡아야 할 것들은 어찌나 빠르게 바뀌는지! 몸이 열 개라도 모자랄 지경이에요.

왜 그럴까요? 그런 생각 해보았나요? 이게 다 트렌드가 너무 빨리 바뀌기 때문이라구요. "십 년이면 강산이 변한다"라는 말 들어봤죠? 하지만 요즘 같은 세상에, 십 년은 마치 우주적 시간처럼 길다는 생각이 들 정도입니다. 요즘은 십 년이 아니라 일 년 아니, 몇 개월만에도 세상에 없던 것들이 불쑥 나타나거나 또 어느새 사라져 버리곤 하잖아요. 우리가 맛있게 먹는 음식, 재밌게 보는 콘텐츠, 공부하는 방식, 인기 있는 학과나 전공 등이 모두 바뀌고 있습니다. 그래서일까요? 요즘 왠지 '트렌드'라는 말이 자주 들립니다.

이게 요즘 트렌드야.

너는 참 트렌드에 밝구나.

그렇게 트렌드를 몰라서야……

이런 말이 흔하게 쓰이죠. 그렇다면, 트렌드란 과연 뭘까요? 그리고 왜 알아야 하는 걸까요?

사람들이 살아가는 방식을 지속적으로 바꾸는 변화를 '트렌드'라고 부릅니다. 인공지능이 등장하면서 희망하는 직업의 순위가 바뀐다든지, 공정에 대한 생각이 달라지면서 회사에서 일하는 방식이 달라진다든지 하는 것이 그 예입니다.

트렌드는 단순한 유행과는 달리, 사람들이 돈을 벌고, 만나서 관계 맺고, 살아가는 방식을 바꾸기 때문에 우리 삶에 아주 중요하고 직접적인 영향을 줍니다. 예전에 집에서 영화를 보려면 '비디오가게'에서 비디오테이프를 빌려 보던 시절이 있었어요. 동네마다 한두 개는 있을 정도로 아주 흔했지요. 하지만 요즘은 넷플릭스나 티빙 같은 소위 OTT로 영화를 보기 때문에, 비디오 대여점은 모두 사라졌습니다. 다시 말하면 영화를 보는 트렌드의 변화가 한 산업을 완전히 멸종시킨 것이죠. 이걸 비디오가게 사장님 입장에서 생각해볼까요? 그분이 열심히 하지 않아서 가게 문을 닫은 걸까요? 아닙니다. 단지 영화 보는 트렌드가 바뀌었기 때문이었습니다.

그렇습니다. 이제는 그냥 열심히 하는 것이 아니라, 사회의 트렌드 변화를 잘 읽어가면서 열심히 하는 것이 중요해졌습니다. 앞으로 우리가 선택해야 할 전공, 직업, 그리고 평생의 커리어에 대해서도 같은 얘기를 할 수 있겠습니다.

문제는 이러한 트렌드 변화가 비디오가게에만 해당되는 것이 아니라, 세계경제 전체에 매우 광범위하게 일어나고 있다는 것입니다. 그 결과 트렌드에 잘 대응하는 기업은 크게 성장하고 그렇지 못한 기업은 빠르게 쇠퇴하는 결과를 아주 흔하게 볼 수 있게 됐죠. 사람도 마찬가지입니다. 트렌드에 따라 떠오르는 직업과 사라지는 직업의 빛과 그림자가 엇갈립니다. 이런 트렌드 격변의 시대에 살아남고 더욱 성장하기 위해서는 트렌드를 정확하게 파악하고 신속하게 대응하는 일이 아주 중요해졌습니다.

이런 배경 속에서 저는 〈트렌드 코리아〉라는 책을 2008년 말 처음 썼습니다. 그때는 트렌드라는 말도 낯설었습니다. 이후 16년간 쉬지 않고 시리즈로 펴내면서 대한민국의 대표 트렌드 분석서로 자리잡게 됐죠. 이 책은 처음에는 기업에서 마케팅이나 상품 개발을 하는 분들이 주로 읽기 시작했는데, 이후 공공기관, 학교, 군대에서도 꼭 읽어야 할 책이 되면서, 이제는 취업과 면접을 준비하는 학생, 사회로 복귀하는 군인, 요즘 세상 변화를 알고 싶어 하는 어르신이나 주부들까지, 독자의 범위가 크게 넓어졌습니다.

학교 선생님들이나 교육청에서도 트렌드 교육에 높은 관심을 보이고 있습니다. 트렌드에 대한 이해가 청소년들의 직업 교육과 진로 설계를 위해 매우 중요해지고 있기 때문이지요.

시청이나 구청에서 일반 시민들을 상대로 공개된 강의를 할 때 보면, 청소년과 어린이들이 부모님 손을 잡고 함께 오는 경우가 많습니다. 어렵고 지루한 내용일지도 모른다고 생각 했는데, 이 젊은 청중들은 필기까지 해가면서 누구보다도 진지하고 열심히 강의를 듣습니다. 강의 후에 질문을 받으면, 어른들은 조용한데 학생들은 높이 손을 들고, "그러면 어떤 직업이 좋겠습니까?" 혹은 "앞으로는 무엇을 어떻게 공부하면 좋겠습니까?" 같은 질문을 던집니다. 이런 경험이 쌓이면서 저는 느끼게 됐습니다.

"아, 누구보다도 트렌드의 변화를 알아야 할 독자들은 미래를 설계해야 하는 청소년이구나!"

사실 청소년 여러분은 트렌드를 선도하는 가장 중요한 세대라고 할 수 있습니다. 여러분의 생각과 여러분의 시각이 앞으로의 트렌드를 이끌어나가게 될 것이기 때문입니다. 이런 깨달음으로 '청소년을 위한 트렌드 코리아'를 기획하게 됐습니다. 16년간 트렌드 연구에 집중해온 〈트렌드 코리아〉 시리즈가 한 해에 10개씩 발표해온 160개의 키워드 중에서 우리 청소년들에게 가장 중요하다고 여겨지는 트렌드를 선정해,

읽기 쉽게 다시 써보기로 한 것입니다. 여기에 우리가 트렌드를 왜 알아야 하고, 어떻게 트렌드를 읽어낼 수 있는지에 대한 강의도 덧붙였습니다.

이번 첫 책에서 고심 끝에 선정한 분초사회, 평균 실종, 호모 프롬프트, 언택트, 워라밸, 소확행, 공정사회 등 7가지 트렌드는 현재 우리 사회의 변화를 가장 잘 보여주는 키워드이면서, 우리 청소년 여러분이 미래를 이끌어가는 데 가장 핵심적인 역할을 할 것이라고 보이는 열쇳말들입니다. 아직 선보이지 못한 키워드가 많습니다. 앞으로도 시간을 두고 차차 더 넓고 깊은 트렌드의 세계를 설명드리도록 하겠습니다. 부디 많은 청소년 독자 여러분이 부모님과 함께 이 책을 읽으면서 자신의 미래를 설계해나가고, 나아가서는 한국을, 아니 세계를 선도할 트렌디한 인재로 자라날 수 있기를 희망합니다.

김난도
서울대학교 교수,
〈트렌드 코리아〉 시리즈 대표저자

5 언택트

💬 사람이 꼭 필요한 건 아니잖아요
💬 '언택트'가 편해요!

6 워라밸

💬 워라밸이 뭐냐면요……
💬 "회사만큼 내 생활도 중요해!"

1

우리가 트렌드를 알아야 하는 이유

트렌드,
왜 주목받는 걸까?

여러분도 한 번쯤 **트렌드**를 다루는 책과 마주친 적이 있지 않나요? 요즘에는 오프라인 서점의 가판대에서도, 온라인 서점의 인기 코너에서도, 유튜브의 리뷰 동영상에서도 트렌드를 분석하는 책들을 심심찮게 찾아볼 수 있습니다. 이건 성별과 나이를 불문하고 트렌드를 공부하길 원하는 사람들이 늘어났다는 증거입니다. 사회의 움직임을 이해하고 싶거나, 업무에 활용하기를 원하거나, 유행하는 현상을 조금 더 학문적으로 탐구하고 싶어 하는 독자들이 점점 많아진다는 뜻이죠.

그렇다면, 트렌드 연구는 왜 트렌디할까요? 트렌드에 대한 관심은 왜 나날이 증가하는 걸까요? 사실 트렌드에 대한 관심이 커진 건 단순한 우연이 아닙니다. 시대의 흐름에 따른 당연한 현상이에요.

우선은 현대인의 취향이 예전처럼 안정적이지 않고, 매우 빠르게 변화하고 있다는 점을 기억해야 합니다. 10년 전만 해도 사회의 변화는 그다지 빠르지 않았습니다. 예전의 트렌드는 시간의 흐름에 따라 자연스럽게 수그러들었습니다. 게다가 남녀노소를 불문하고 모두가 같은 트렌드에 함께 열광했고,

예전과 지금의 트렌드 비교

	과거	현재
변화의 속도와 모습	- 변화 속도가 빠르지 않다 - 몇 년간 하나의 유행이 계속된다 - 시간에 따라 자연스레 변화한다	- 아주 빠르게 변하거나, 변화 속도를 예측하기 어렵다 - 모순되는 느낌의 트렌드가 한꺼번에 인기를 끈다 - 시간의 흐름에 구애받지 않는다
즐기는 사람들	성별, 나이에 크게 구애받지 않고 모두가 같은 유행을 즐기는 편이다	아주 다양한 집단에서 각각 다른 트렌드를 즐긴다
예측이 가능할까?	가능하다!	불가능에 가깝다, 어렵다!

서로 모순되는 아이템이 한꺼번에 유행하는 일도 없었습니다. 그러니 트렌드를 추측하거나 앞으로의 흐름을 예상하는 일이 쉬운 편이었죠.

하지만 요즘은 다릅니다. 여러 집단의 사람들이 매우 다양하고 세세한 트렌드를 각각 소비하고 있거든요. 한 트렌드에서 다른 트렌드로 대세가 바뀌기까지의 시간도 매우 짧아졌습니다. 비슷한 종류의 트렌드가 연달아 유행하는 것도 아니고요. 트렌드를 분석하고 예측하는 일이 너무나도 어려워진 겁니다.

트렌드를 '공부'하고자 하는 사람들이 늘어난 이유는 바로 이 때문입니다. 예전에는 유행하는 흐름이나, 그 흐름에 따른 사회적 변화를 이해하는 일이 비교적 쉽고 간단했습니다. 하

잠깐! 다른 이유도 있어요

눈부신 산업 발전으로 소비 시장이 북적이는 오늘날에는, 수많은 기술과 아이디어가 하루에도 수천 개씩 발명됩니다.

하지만 그 기술과 아이디어들을 전부 시장에 내놓을 수는 없어요. 이제는 트렌드에 꼭 어울리는 기술과 아이디어만이 소비자의 선택을 받을 수 있거든요.

지만 지금은 책이나 동영상, 분석가의 말을 꼼꼼하게 참고하지 않고서는 우리 사회의 변화를 따라가기가 어려워졌어요.

그러니 우리가 살아가는 현대 사회를 진정으로 이해하고 싶다면, 이제 트렌드를 제대로 공부하는 일은 필수입니다.

트렌드의 진짜 의미를 발견하는 방법

그렇다면 트렌드는 어떻게 분석하고 연구하는 걸까요?

자세히 알아보기에 앞서, 먼저 꼭 기억해야 할 점이 있습니다. 트렌드 연구에서 중요한 부분은 '요즘 이렇게나 신기한 트렌드도 발견된다!'라는 사실 자체가 아니라는 거예요.

그보다는 해당 트렌드가 얼마나 빠른 속도로 사람들의 반응을 끌어내게 될지, 또 우리 사회와 산업에 얼마나 의미 있는 영향을 주게 될지를 생각해야 합니다. 트렌드를 분석하는 일의 목적은 결국 그 트렌드에 대응하는 것이거든요. 쉽게 말하면, 트렌드를 나의 상황에 맞춰 활용하고, 트렌드가 불러일으키는 변화에 나만의 방식대로 발맞추기 위함이랍니다. 그러니 해당 트렌드의 자료를 단순히 '수집'하는 일에서 멈춰서는 안 돼요. 구체적인 분석이 필수적이죠.

어떤 트렌드의 진짜 의미와 가치를 파악할 때는 두 가지를 꼭 염두에 둬야 합니다. **첫 번째는 '트렌드는 혼자서 존재하지 않는다'는 사실**입니다.

트렌드는 사회의 전체적인 취향을 비추는 거울과도 같아요. 가령, 여러분이 방 꾸미기에 관심이 많다고 생각해봅시다. 당연히 여러분은 요즘 인기 있는 인테리어를 궁금해할 겁니다. 다른 사람들은 어떤 분위기로 방을 꾸미는지, 요새 잘나가는 소품은 무엇인지, 색감과 조명은 어떻게 골라봐야 할지……. '가장 최신'의 '인테리어 트렌드'를 알고 싶어 하겠죠. 하지만 트렌드는 혼자 존재하지 않습니다. 인테리어 트렌드라는 한 분야에만 집중해서는 완벽한 분석을 해내기가 어렵다는 뜻입니다.

쉬운 예시를 하나 들어볼까요? 2021년경, 인테리어를 즐기는 사람들 사이에서는 돌연 '데스크테리어Deskterior(책상 꾸미기)' 열풍이 불었습니다. 마치 나만의 세계관을 만드는 것처럼, 내 책상 위를 하나의 컨셉으로 통일하여 꾸미는 인테리어 트렌드였죠.

데스크테리어가 뜨거운 인기를 누렸던 이유는 뭘까요? 개인의 취향을 중요시하게 된 사회 분위기의 변화 때문일까요? 혹은 주거 공간이 점점 좁아지는 가운데, 효율적이면서도 개성 있는 '나만의 공간'을 갖기 위해 고군분투한 결과일까요?

틀린 말은 아니지만, 사실 이 트렌드는 당시 우리 사회를 휩감았던 위기와 직접적으로 연관돼 있습니다. 2020년 초, 코로나19 바이러스가 불러온 팬데믹으로 재택근무와 온라인 수업 생활이 길어진 것이 데스크테리어 트렌드의 시작이었거든요. 본의 아니게 집 책상에 오래 앉아 있어야 했던 사람들이 답답함을 해소하기 위해 '책상 꾸미기'의 꿈을 펼쳐갔던 겁니다.

인테리어 트렌드에 관심이 있다고 해서 인테리어 분야의 변화에만 집중해선 안 되는 이유, 이제 조금 알 것 같지 않나요? 우리 사회는 무척 다양하고 세세한 분야로 이루어져 있습니다. 정말로 트렌드를 이해하고 싶다면, 다양한 분야의 트렌드들이 사실은 전부 연결돼 있다는 것을 꼭 염두에 두어야 합니다.

두 번째로 생각해야 할 것은 '트렌드에는 늘 숨겨진 심리가 있다'는 사실입니다. 어떤 트렌드가 인기를 얻고 있다는 사실 자체를 넘어서, "왜 사람들은 그 트렌드에 열광하는 걸까?"를 고민해봐야 한다는 뜻이에요.

또 다른 예시를 하나 들어볼게요. 요즘은 대부분의 시청자가 유튜브 동영상이나 OTT 속 작품을 감상할 때 1.5배나 2배 등의 배속 설정을 활용하곤 합니다. 이유가 뭘까요?

"빠르게 보면 내용을 더 빨리 파악할 수 있으니까요. 스토리 위주로 훑어보는 거죠!"

"시간이 아까워요. 요즘은 다들 바쁘잖아요."

고개가 끄덕여질 만큼 공감되는 말이긴 하지만, 이제는 이런 표면적인 이유 뒤에 숨은 진짜 심리를 파악할 필요가 있습니다. 다시 생각해봅시다. 우리는 왜 배속을 사랑할까요? 왜 흘러가는 시간을 아까워하면서, 시간에서도 '가성비'를 찾게 됐을까요?

오늘날에는 소유보다 경험이 더 큰 자랑거리로 변했기 때문입니다.

예전에는 비싼 소유물을 과시하는 것이 중요했다면, 이제는 핫플레이스에 가서 인증샷을 남기거나 유명한 여행지나 맛집에서 전신사진을 찍는 일이 더 중요해졌다는 의미예요. 여행을 떠나는 일, 유명 맛집에 줄을 서서 입장하는 일, 최대한 붐비지 않는 시간에 핫플레이스를 예약하고 자리를 잡는 일. 모두 시간이 있어야만 가능한 일이죠.

OTT도 마찬가지입니다. 다양한 플랫폼이 넘쳐나는 지금, 유행하는 콘텐츠를 실패 없이 파악해서 내 머릿속에 집어넣으려면 배속이 필수적이에요. 배속 없이 16부작 드라마를 열심히 챙겨봤는데 어정쩡한 결말로 재미없게 끝난다면, 그것보다 아쉬운 일이 없을 겁니다. 이처럼 허무하고 바쁜 사회에서 시간의 가성비를 챙기는 건 이제 당연한 일이 됐습니다.

자, 어떤가요? 어느덧 일상이 된 배속 기능의 뒤편에 숨겨진 심리를 알고 나니, 우리 사회가 조금 다른 각도로 보이지 않나요?

이것이 바로 트렌드를 분석할 때 가져야 할 태도랍니다. 눈에 보이거나 느껴지는 단순한 '현상'을 넘어, 그 속에서 우리 사회의 구성원들이 어떤 심리와 욕구로 움직이는지를 깊이 들여다봐야 해요.

예측 준비!
데이터 모으기

이처럼 트렌드 분석이 중요해지면서 〈트렌드 코리아〉라는 책이 2008년 처음 출간됐고, 지금까지 16년간 쉬지 않고 나오고 있습니다. 〈트렌드 코리아〉 팀은 트렌드를 분석하는 일과 함께, 앞으로의 트렌드가 어떻게 변화하게 될지를 예측하는 일도 진행하고 있어요. 트렌드를 예측할 때는 연구자의 개인적인 직관과 생각에 지나치게 기대지 않도록 주의해야 합니다. 이를 위해서는 **객관적인 트렌드 데이터**가 필요합니다.

뒷장의 표를 보면 알 수 있듯, 데이터는 여러 기준으로 나누는 것이 가능합니다. 그중에서도 트렌드를 연구하는 연구자 본인이 직접 조사하고 관찰하며 만들어낸 데이터를 **1차 데이터**, 연구자 본인이 아닌 사람이나 기관이 만들어낸 데이터를 **2차 데이터**라고 불러요.

또 퍼센트나 수량, 사람 수처럼 숫자를 통해 읽을 수 있는 데이터를 **정량데이터**, 인터뷰를 통해 얻어낸 문장들처럼 숫자를 통해 읽을 수 없는 데이터를 **정성데이터**라고 합니다. 〈트렌드 코리아〉 팀은 1차 · 2차 데이터, 정량 · 정성데이터를 골고루

트렌드 데이터의 종류

(데이터 분류는 삼성전자 글로벌마케팅연구소 조은정 박사의 틀에 의함)

데이터 생산자	데이터의 형태	세부 종류
1차 데이터 • 트렌드를 연구하는 연구자 본인이 만들어낸 데이터	정량데이터 • 숫자를 통해 읽을 수 있음	일반 설문조사, 전문가 설문조사 등
	정성데이터 • 숫자를 통해 읽을 수 없음	면접조사, 관찰, 전문가 인터뷰, 거리조사, 트렌드헌터 보고서 등
2차 데이터 • 다른 기관이나 연구자가 만들어낸 데이터	정량데이터	통계조사, 언론기관의 설문조사 결과 등
	정성데이터	신문기사, 미디어분석 보고서, 전문기관 예측자료 등

모아 연구하고 있어요. 최대한 많은 2차 데이터를 수집하는 동시에 1차 데이터를 직접 생산하는 일도 게을리하지 않죠.

하지만 너무 많은 정보는 없는 정보와 마찬가지입니다. 트렌드 데이터를 모으는 일만큼이나 그 데이터들을 열심히 골라내고 분류하는 일 역시 중요하답니다. 물론 모든 데이터는 훌륭한 연구의 발판이 되어주지만, 〈트렌드 코리아〉 팀에게는 트렌드를 분석할 때 특히나 도움이 되는 데이터가 존재합니다. 바로 든든한 지원군인 '트렌드헌터'들이 제출하는 보고서입니다.

트렌드헌터들이 〈트렌드 코리아〉 팀에 제출하는 보고서도 다시 두 종류로 나뉜답니다.

대한민국 대표 트렌드 연구팀인 〈트렌드 코리아〉 팀만의 특별한 예측력은 여기에서 비롯합니다. 경제, 정치·행정, 패션, 과학·기술, 대중문화, 통계 등 총 12개의 분야 곳곳에서 실시간으로 일하고 공부하는 트렌드헌터들이 매달 꼼꼼한 보고서를 보내오거든요. 〈트렌드 코리아〉 팀이 만들어내는 1차 데이터 중에서도 독보적인 재료가 되어주는 트렌드 데이터랍니다.

 잠깐! '트렌드헌터'가 뭐냐고요?

트렌드헌터는 〈트렌드 코리아〉 팀과 함께하는, 트렌드 수집가이자 분석가들입니다. 다양한 분야에서 일하고 공부하며 트렌드의 흐름을 포착하는 사람들이죠.

트렌드헌터들이 모인 그룹을 'Trenders(트렌더스)날'이라고 부릅니다. '날'에는 '날카로운', '날것인' 등 자유로운 의미가 담겨있어요.

트렌드헌터들의 보고서

종류(이름)	제출 기간	어떤 보고서일까?
트렌다이어리Trendiary (트렌드Trend + 다이어리Diary)	매월 한 장씩 보고	트렌드헌터 각자가 생각하는 '주목할 만한 트렌드의 변화'를 작성한다
세그먼트 트렌드 리포트 Segment Trend Report	보통, 3개월에 한 번 보고	미리 정해둔 자신의 담당 분야에서 일어나는 트렌드 변화를 꾸준히 관찰한 후, 3개월에 한 번 보고서로 작성한다

트렌드에도
종류가 있다고?

그렇다면, 트렌드를 예측하는 일은 정말 가능한 걸까요? 이 질문에 답하기 위해서는 우선 트렌드의 유형과 형성 과정을 이해해야 해요. 먼저 다음 그래프를 간단히 살펴봅시다.

하나의 트렌드는 해당 트렌드 자체의 지속 시간과 그 트렌드에 동조하는 사람들의 범위에 따라 마이크로 트렌드micro-trend,

트렌드의 종류

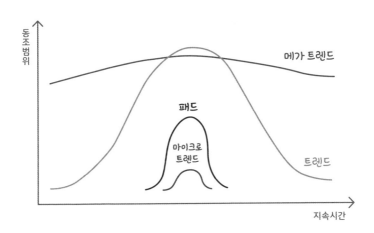

패드fad, 트렌드trend, 메가 트렌드mega-trend라는 네 가지 종류로 나눠볼 수 있어요.

마이크로 트렌드는 아주 짧은 기간 동안 적은 수의 사람이 동조하는 변화를 뜻합니다. 우리의 일상 구석구석에 스며드는, 미세한 변화의 조짐을 말하는 거예요. 별 것 아닌 듯 들릴 수도 있겠지만, 사실은 이 작은 변화가 일어나는 데도 사회적인 조건이 필요하답니다. 그러니 마이크로 트렌드의 중요성을 무시해서는 안 되겠죠.

패드는 마이크로 트렌드보다는 넓은 개념이에요. 이 흐름에 올라타는 사람들의 수는 마이크로 트렌드보다 많고, 지속

트렌드, 사실은 4가지 종류로 나뉜다고?

트렌드의 종류	동조하는 사람들의 수	지속 기간
마이크로 트렌드	적다	아주 짧은 기간
패드	마이크로 트렌드보다 많디	대부분 1년 이내
트렌드	일상에서 체감될 만큼 많은 대중이 동조한다	1~5년간 지속된다
메가 트렌드	사회 대다수의 사람이 동조한다	10년 이상 지속된다

시간도 조금 더 길죠. 패드fad는 사전적 의미로 '변덕'이나 '일시적 유행'을 의미합니다. 대부분 1년 이내로, 비교적 짧게 지속되는 변화랍니다. 종종 '유행'이라는 표현을 '트렌드'라고 말하는 경우가 있는데, 사실은 패드로 번역하는 것이 더 정확할 때가 많아요.

단순한 유행의 조짐을 넘어, 1~5년까지 계속되며 꽤 많은 대중의 사랑을 받는 어떤 움직임이나 흐름을 가리킬 때, 우리는 비로소 **트렌드**라는 이름을 붙일 수 있습니다. 대부분은 (그리고 이 책에서도 가끔!) 마이크로 트렌드와 패드, 트렌드, 메가 트렌드를 구별하지 않고, 그냥 '트렌드'라고 흘려 부르곤 하는데요. '트렌드'라는 용어는 그렇게 넓은 의미로 쓰이기도 하지만, 여기에서처럼 '패드보다는 오래 지속되고, 메가 트렌드보다는 짧게 지속되는 흐름'이라는 좁은 의미로도 쓰인답니다.

여러분에게 익숙한 움직임 중 트렌드라고 부를 법한 흐름으로는 무엇이 있을까요? 최근의 사례로는 10대부터 30대까지를 강타한 'Y2K 감성(복고 감성)'을 꼽을 수 있겠습니다.

마지막으로 사회 대다수의 사람들이 동조하는 가운데, 10년 이상 지속되는 경향을 **메가 트렌드**라고 부릅니다. 이건 어떤 현상이 단순히 '특정한 영역의 트렌드'에 그치지 않고, 한 공동체의 사회·경제·문화 면에서 모두 굉장한 변화를 불러올 때 붙여지는 이름이에요.

참고로 메가 트렌드라는 명칭은 미래학자인 존 나이스빗John Naisbitt이 만든 용어인데요. 놀랍게도 그가 "미래의 메가 트렌드가 될 것!"이라고 예측했던 키워드인 '탈공업화 사회(제조업의 활기가 가라앉고, 서비스 부문의 발전이 두드러지는 현상)'와 '글로벌 경제(나라와 나라 사이의 경제활동이 활발해지는 현상)' 등은 지금 우리 사회에 자연스럽게 자리 잡았답니다.

〈트렌드 코리아〉 팀만의
세상 특별한 예측법

앞서 말했듯, 트렌드는 날이 갈수록 복잡해지고 있습니다. 굉장히 다양한 모습으로 변화하는 데다, 그 변화 속도를 예상하는 일조차 쉽지 않거든요. 지금은 5년 이상의 장기적인 트렌드보다는 1~3년 정도의 기간에 나타나는 트렌드의 중요성이 주목받는 중이에요. 〈트렌드 코리아〉 팀의 분석과 예측도 주로 이 기간에 초점을 맞추고 있습니다.

그럼, 이제 질문을 던져볼까요?

"트렌드를 예측하는 게 정말 가능한 일인가요?"
"가능하다면, 대체 어떻게 예측하는 거예요?"

사실 트렌드는 어느 날 갑자기 하늘에서 뚝 떨어지는 깜짝 사건이 아닙니다. 오히려 사회를 살아가는 대중들, 즉 우리 소비자들의 마음속에서 서서히 일어나는 물결에 가깝죠. 우리가 느끼는 문화의 가치와 의미들은 살아가면서 조금씩 변화하기 마련입니다. 그 변화의 물결이 한 사람에서 여러 사람으로, 한 무리에서 더 큰 무리로 옮겨가는 동안 태어나는 것이 바로 트렌드예요. 때문에 '트렌드'나 '패드'는 탄생 초기부터 증거를 통해 그 뿌리를 찾아낼 수 있습니다.

갑자기 운석이 충돌한다거나, 거대한 돌발 사건이 벌어진 다거나 하는 '예언'은 할 수 없어요. 하지만 어떤 **마이크로 트렌드**가 우리 사회를 뒤흔들 만한 **패드** 혹은 **트렌드**로 성장하게 될지, 또 어떤 의미를 가지면서 대중들에게 영향을 주게 될지를 분석하고 예측하는 일은 가능합니다.

〈트렌드 코리아〉 팀은 1년 동안 수백 종류의 마이크로 트렌드(그리고 그보다 더 작은 변화까지)를 관찰합니다. 하지만 그 관찰의 결과를 단순한 일기처럼 줄줄 써 내려가지만은 않습니다. 대신 지금 관찰되는 수많은 '트렌드의 낌새'를 아우르는 원인을 파악하고, 공통된 흐름을 찾아내는 작업을 무엇보다 우선한답니다.

그 다음에는 수많은 트렌드 정보의 숲에서 이듬해의 전망을 뽑아내는 작업을 진행해요. 〈트렌드 코리아〉의 '트렌드 키워드'는 늘 이런 과정을 거쳐 만들어집니다. 트렌드 키워드를 만들어내는 과정은 다음 장의 표를 참고해주세요.

이렇게 전체 키워드가 결정되고 나면, 각 키워드의 알파벳을 첫 글자로 삼아 최종적인 '전체 키워드'를 만들어냅니다.

트렌드 키워드를 만드는 과정

1단계	나열하기 (Inventory Building)

산업 현장이나 소비 시장, 가정, 네트워크 등에서 관찰되는 생활 방식 혹은 소비 방식의 변화, 즉 '트렌드'를 탐색하고 나열한다.

2단계	분해하기 (Dissolving)

나열된 트렌느에 어떤 의미가 숨어있는지, 또 그 변화가 어떤 의미를 만들어내는지를 밝혀낸다.

3단계	다시 배치하기 (Re-arranging)

밝혀낸 의미를 바탕으로, 각 트렌드 간의 관계와 시간적 순서를 고려하여 일종의 '트렌드 지도'를 그린다.

4단계	분류하기 (Categorizing)

트렌드 지도를 바탕으로, 10~15개 정도의 트렌드를 뽑아내고 유형별로 분류한다. 이것이 바로 〈트렌드 코리아〉 속 10대 키워드의 후보가 된다!

5단계	검증하기 (Verifying)

각각의 트렌드 키워드가 관련 산업과 대중들, 소비자들에게 미칠 영향을 생각한다. 키워드가 정말 타당한지 검증하는 시간을 가지면서, 10~15개의 키워드를 10개 내외로 압축한다.

6단계	이름 짓기 (Labeling)

검증이 완료된 키워드에 적절한 이름을 붙인다.

예컨대,《트렌드 코리아 2024》의 전체 키워드인 '드래곤 아이즈DRAGON EYES'는 이렇게 구성돼 있어요.

DRAGON EYES

Don't Waste a Single Second: Time-Efficient Society   분초사회

Rise of 'Homo Promptus'   호모 프롬프트

Aspiring to Be a Hexagonal Human   육각형인간

Getting the Price Right: Variable Pricing   버라이어티 가격 전략

On Dopamine Farming   도파밍

Not Like Old Daddies, Millennial Hubbies   요즘남편 없던아빠

Expanding Your Horizons: Spin-off Projects   스핀오프 프로젝트

You Choose, I'll Follow: Ditto Consumption   디토소비

ElastiCity. Liquidpolitan   리퀴드폴리탄

Supporting One Another: 'Care-based Economy'   돌봄경제

DRAGON EYES가
이렇게 나왔구나!

© 최혜령

키워드의 순서에 대해서는 하나의 원칙을 지키고 있습니다. 바로 **첫 번째 키워드에 힘을 실어주는 것!** 첫 키워드로는 늘 해당 연도에 우리 사회 전체를 이끌어갈 만한, 변화의 핵심이 되는 트렌드를 선정합니다. 《트렌드 코리아 2024》에서는 '1분 1초도 낭비하지 않는 현대인의 시간 가성비'에 주목해, **분초사회** 트렌드를 첫 키워드로 뽑았어요.

 잠깐! 키워드에는 동물이 숨어있어요

〈트렌드 코리아〉 시리즈의 전체 키워드 속에는 항상 그 해의 띠 동물이 포함됩니다.

검은 호랑이의 해였던 2022년에는 'TIGER OR CAT',
검은 토끼의 해였던 2023년에는 'RABBIT JUMP',
푸른 용의 해인 2024년에는 'DRAGON EYES'가
10개 키워드를 정리하는 문장으로 선정됐어요.

세상을 보는 창문, 트렌드!

사회를 움직이는 주인공, '트렌드'를 예측하기 위한 〈트렌드 코리아〉 팀의 노력은 지금도 계속되고 있습니다. 각 분야에서 도착하는 트렌드헌터들의 보고서를 매일같이 검토하고, 생활 곳곳에 깃든 변화의 조짐들과 마이크로 트렌드를 포착하며 분주한 나날을 보내는 중이죠.

오늘날, 트렌드는 세상을 만나는 창문과도 같습니다. 우리의 현재와 미래를 똑똑하게 이해하려면 반드시 트렌드를 살펴봐야 합니다. 여러분 주위에서 일어나는 일들, 눈치채지 못한 사이 일상에 자리 잡은 유행들, 텔레비전 뉴스나 인터넷 커뮤니티에서 자주 보이는 이슈들은 모두 '트렌드의 흐름'이라는 커다란 영향력에 뿌리를 두고 있거든요.

여러분은 사회의 변화와 트렌드의 움직임을 얼마나 빠르게 실감하고 있나요? 오늘날, 우리의 일상은 물론이고 미래를 열어갈 트렌드는 무엇일까요?

지금부터, 책 속에서 그 답을 찾아보길 바랍니다.

출발~!

★ **여러분이 생각하는 '지난 해의 트렌드'는 무엇인가요?**

- 팝업스토어의 대성공, 혹은 탕후루? 지금 머릿속에 떠오른 트렌드를 설명해봅시다.

★ **앞으로 더 큰 인기를 누리게 될 트렌드는 무엇일까요?**

- 여러분이 일상에서 캐치해낸 '마이크로 트렌드'가 있나요?

★ **여러분은 OTT나 유튜브를 볼 때, 배속 기능을 사용하나요?**

- 1.25배속은 기본, 이제는 2배속이 보편화된 시대입니다. 만일 배속 기능을 사용하거나 사용하지 않는다면, 그 이유는 무엇인가요?

★ **Y2K(복고) 트렌드에 동참해본 적이 있나요?**

- 20년 전에 유행하던 패션부터 카메라 앱의 복고풍 필터까지!
  여러분은 어떤 모습으로 Y2K 열풍을 만끽했나요?

★ **결국, 우리가 트렌드를 알고 싶어 하는 이유는 무엇일까요?**

- 우리는 왜 트렌드를 익히고 이해하려 하는 걸까요?
  '트렌디한 사람이 되고자 하는 마음' 뒤에는 어떤 심리가 숨어있을까요?

2

분초사회

왜 시간은 항상 모자라는 걸까?
1분 1초가 아까워!

돈보다
시간

혹시 **코리안 타임**이라는 말을 들어본 적이 있나요? 예전에 우리나라 사람들은 친구가 약속 시간보다 20~30분 늦게 나타나도 서로 '그럴 수 있지'라며 이해해줬습니다. "시간을 너무 안 지키는 거 아냐?" 하고 약간은 부정적인 문화로 바라보는 시각도 있었지만, 사실 그 정도는 봐줄 수 있다는 것이 전반적인 분위기였습니다. 하지만 산업화를 거치고 현대에 접어들면서 코리안 타임은 이제 과거의 말이 됐습니다. 요즘엔 20~30분이나 지각하는 친구를 아무렇지도 않게 기다려줄 수 있는 사람은 아마 없을 거예요.

사실, 우리가 체감하는 시간은 이제 '시時' 단위가 아니라 '분分' 단위로 쪼개지고 있습니다. 이건 딱히 우리나라만의 현상도 아닙니다. 전 세계의 시간 단위는 여전히 똑같지만, 사람들이 느끼는 시간의 속도는 상대적으로 빨라지는 중입니다.

《도둑맞은 집중력》의 저자 요한 하리Johann Hari에 따르면, 미국인들은 1950년대보다 훨씬 더 빠르게 말하고 있고, 훨씬 더 적게 자고 있습니다. 심지어 도시에 사는 사람들은 20년 전보다 걸음 속도도 10% 더 빨라졌다고 합니다. 우리나라도 마찬가지예요. 도심의 전철역 주변에 가보면, 특히 출퇴근 시간대에 사람들의 발걸음이 굉장히 분주하다는 걸 알 수 있습니다. 결국 현대인은 **가속의 시대**로 접어들고 있습니다.

여러분도 모니터 화면을 보며 잡지책을 뒤적이고, 동시에 스마트폰으로 친구와 통화를 하지 않나요? 16부작 인기 드라마를 차분히 정주행하지 않고, 유튜브 요약 영상을 대충 확인하고 나서 "나도 그 드라마 봤어!"라고 말한 적은 없나요? 지하철을 탈 때도, 조금이라도 더 빨리 가기 위해 환승 통로 혹은 에스컬레이터와 가까운 차량 위치에 서 있지는 않나요?

이러한 변화는 모두 시간의 효율성을 극도로 높이려는 우리 사회의 특성을 나타냅니다. 《트렌드 코리아 2024》에서는 이와 같은 경향성을 일컬어 **분초사회**라고 불렀는데요. 이건 지금 우리 사회의 구성원 모두가 분초分秒를 다투며 살게 됐다는 의미입니다. 외국인들이 한국에 와서 제일 먼저 배우는 말이 "빨리빨리"라는 말이 있을 만큼 우리는 늘 바쁘게 사는 민족으로 여겨져 왔지만, 특히나 최근 들어 시간은 한국 사회에서 가장 중요한 자원으로 등극했습니다.

꽃보다 시간, 돈보다 시간!

시간이 최고의 자원이 된 세상은 과연 어떤 모습일까요?

1일, 1시간,
1분, 1초

우리의 생각과 가치관은 '단위'가 결정한다는 말이 있습니다. 그렇다면 우리가 자주 쓰는 단위들을 잠깐 살펴볼까요? "천리 길도 한 걸음부터"라는 속담에서 '천 리'는 약 390킬로미터의 거리입니다. "삼척동자도 다 아는 이야기"라는 말에서 '척'은 30센티미터 정도를 말하는 거고요. 이렇게 예전에는 거리를 잴 때 '10리, 20리, 30리'와 같이 말했지만 요즘은 정확히 3.9킬로미터, 혹은 7.8킬로미터라고 말합니다. 키를 말할 때도 '95센티미터' 혹은 '162.2 센티미터'처럼 소수점 아래까지 콕 집어 말하곤 하죠. 하루의 시간을 말할 때도 때도 새벽, 아침, 낮, 저녁, 밤, 한밤중 등등으로 나누기보다도 오전 몇 시, 오후 몇 시로 표기합니다. 아니, 잠깐.

'한 시간이 60분이라니. 이건 너무 길어!'

그래서 다시 'ㅇ시 ㅇㅇ분'이라고 분 단위까지 표기하죠. 그러다 이제는 '초'에도 익숙해졌습니다. 예컨대, 즉석식품을 사면 그 포장지에서 '전자레인지에 1분 30초 돌리세요', '20초 미만으로 데우세요'라는 말을 흔히 볼 수 있게 됐습니다. 모든 간격이 더 촘촘해지고 있다는 사실, 체감되지 않나요?

우리가 사용하는 시간의 단위가 점점 더 쪼개진다는 것은 시간을 그만큼 세밀하고 소중하게 사용한다는 의미입니다. 과거의 농경 사회에서 시간은 지금보다 훨씬 느슨한 단위였습니다. 보통 자시子時(오후 11시부터 다음 날 오전 1시까지의 시간), 축시丑時(오전 1시에서 오전 3시까지의 시간)처럼 12간지의 동물 이름을 따서 부르며 2시간 단위로 시간을 나눴죠. 그때는 '동틀 무렵', '해질 무렵', 혹은 '대낮'이라는 말이 흔하게 쓰였고, 2시간 간격은 사람들 사이에서 시간을 인식하기에

바쁘다 바빠, 분초사회!
사회 전체의 속도가 빨라지고
사람들이 인식하는 시간의 단위가
점점 쪼개지면서, 이제 시간은
분초 단위로 나뉘게 됐어요.

충분한 단위였던 겁니다.

하지만 산업혁명이 이뤄지며 경제가 공업화·서비스화되고, 자동차와 철도의 등장으로 이동 속도가 파격적으로 빨라지면서 상황은 달라졌습니다. 과거에는 하루 온종일 걸려야 갈 수 있었던 길을 오늘날엔 1시간 정도면 갈 수 있죠. 시계가 발명되고 시간 개념이 정확해지면서, 사람들은 이제 분초 단위로 시간을 잴 수 있게 됐습니다. 예전에는 '월급'이 일반적인 개념이었다면 이제는 "시급이 얼마"라는 식의 표현을 더 자주 씁니다. 자신의 연봉 혹은 월급을 시간당 임금으로 계산해보는 겁니다. 시급 개념은 자연스럽게 **"시간은 곧 돈"**이라는 생각을 강화시킵니다. 그 결과, 사람들은 딱히 바쁜 일이 없는데도 무조건적으로 시간을 아껴야 한다는 일종의 강박에 사로잡히게 됩니다.

'가성비'보다 '시성비'

여러분도 **가성비**라는 말을 알고 있죠? 가성비는 가격에 비해 품질이나 성능이 좋은 물건 혹은 서비스를 일컫는 말입니다. 대부분의 사람은 적은 돈으로 많은 만족감을 얻기 위해 가성비를 따집니다. 더 싸고 좋은 물건이 있다면 발품을 팔아서라도 사러 갑니다.

그런데 시간이 돈보다 점점 더 중요해지면서 이제는 **'시성비(시간 가성비)'**를 따지는 사람이 늘어났습니다. 시간을 들여 돈을 절약하기보다는 차라리 돈을 더 쓰더라도 여유로운 시간을 갖고자 하는 사람들이 많아졌다는 뜻입니다. 예컨대 가방 하나를 사더라도, 여러 매장을 돌아다니며 품질과 가격을

 가성비보다는 시성비가 대세! 요즘 사람들은 시간을 아껴 주는 서비스에 거침없이 돈을 냅니다. 돈보다도 시간의 가치가 커졌다는 증거죠.

비교하거나 온라인 검색으로 꼼꼼히 가격 비교를 거쳐 구매하기보다는 그냥 눈에 보이는 곳에서 얼른 가방을 사는 겁니다. 그렇게 아낀 시간은 자기가 더 좋아하는 일에 쓰고요. 확실히 돈보다 시간이 더 중요한 가치라고 생각하는 사람들이 많아진 것 같죠?

이렇게 시성비가 중요해지면서 최근에는 이색 알바까지 등장했어요. 동네 유명 맛집 줄 대신 서주기, 자녀 등하교 도우미, 강아지 산책시키기 등 사람들의 '시간'을 아껴주는 서비스가 인기라고 합니다. 가령 맛집에 가고는 싶은데 줄을 설

시간은 없을 때, 맛집 줄을 대신 서 주는 서비스를 이용할 수 있겠죠. 요즘은 당근이나 번개장터 같은 플랫폼들이 이런 서비스를 원하는 사람과 자신의 자투리 시간을 이용해 돈을 벌고자 하는 사람들을 연결해주고 있답니다.

'고객의 시간을 얼마나 더 아껴주느냐'는 이제 기업에게도 아주 중요한 전략이 되고 있습니다. 줄을 대신 서 주는 서비스를 이용하는 것도 그리 쉽지는 않다 보니 유명 맛집들은 대부분 **스마트 웨이팅 서비스**를 도입하고 있는데요. 이건 스마트폰 앱을 통해 '원격 줄서기'를 한 다음, 자기 시간이 다가오면 자동으로 알림이 뜨는 방식입니다. 이미 동네의 작은 식당에서도 쓰일 정도로 보편화된 서비스예요. 가게 앞에서 무작정 기다리지 않도록, 고객의 시간을 아껴주는 전략이죠.

이런 스마트 웨이팅 서비스는 은행 등의 다른 업계로도 확산되고 있어요. 요즘은 은행 직원을 직접 만나서 상담을 해야 하는 경우에도, 앱을 통해 미리 예약을 해두면 대기 시간을 줄일 수 있답니다.

이렇게 스마트폰과 디지털 서비스를 이용해 원격으로 줄을 서거나 예약을 걸어두는 일은 이제 특별할 것이 없는 일상이 됐습니다. 미용실이나 병원도 대부분 예약제로 운영되는 추세죠. 아무 때나 예약 없이 불쑥 방문한다면 한참을 기다려야 한다는 사실을 아주 당연하게 받아들일 정도로, 서로의 시간을 아껴주는 서비스가 사회 곳곳에서 쓰이고 있습니다.

빨리
결말이 알고 싶어

현대인의 삶은 농경 사회와는 비교도 되지 않을 만큼 편리해졌습니다. 자동차와 기차, 비행기를 타면 아무리 먼 거리라도 큰 불편함 없이 갈 수 있어요. 인공지능이 탑재된 각종 가전제품이 집안일을 적극적으로 도와주고요. 앞서 말했듯 돈만 있다면 시간을 아껴주는 온갖 서비스를 이용할 수도 있습니다. 그렇다면 분명 시간이 남아돌아야 할 텐데, 왜 우리는 점점 더 바쁘게 살고 있는 걸까요?

정해진 시간에 해야 할 것들이 훨씬 더 많아졌기 때문입니다. 여기서 '해야 할 것들'이란 자신에게 주어진 일 외에 우리 사회가 혹은 현재의 문화가 우리에게 하도록 권장하는 일들을 뜻합니다.

조금 아리송하게 느껴진다면, 예를 들어볼까요? 여러분은 잠자리에 들기 전 독서를 하는 편인가요, 아니면 스마트폰으로 친구들과 수다를 떠는 편인가요? 거의 매일 인스타그램 **릴스**나 유튜브 **쇼츠**를 보느라 자정을 훌쩍 넘긴 시간에 잠들지는 않나요? 요즘은 **넷플릭스**가 대표적인 '**시간 도둑**'으로 등극했습니다. 넷플릭스는 없는 게 없는 콘텐츠 플랫폼이죠. 하지만 인기 시리즈 한 편을 정주행하려면, 10시간은 기본이고 때로는 주말을 몽땅 바쳐야 하는 경우도 있습니다.

문제는 여기서 발생합니다. 보고 싶은 것, 봐야 할 것들은 너무 많은데 시간은 한정돼 있는 겁니다. 그러다 보니 이제는 시리즈를 정주행하는 사람보다도 요약편을 찾는 사람이 많아졌습니다. 10시간짜리 드라마를 1시간짜리 요약 영상으로 대충 살펴본 후에 정주행을 시작할지 말지를 결정하는 겁니다.

여기서 끝이 아닙니다. 요즘 시청자들은 정주행을 시작하기 전에 결말까지 먼저 살펴봅니다. 주인공이 결국 죽는지 사는지, 해피엔딩인지 새드엔딩인지 등의 정보를 미리 알길 원한다는 뜻이에요. 예전에는 결말을 알면 재미없다면서 이런 '스포일러'를 절대 금지하는 분위기였지만, 요즘은 오히려 결말을 알려주는 '**결말 포함**' 요약편이 더 인기입니다. 왜일까요?

"다 보고 나서 실망하고 싶지 않아요."

"금쪽 같은 내 시간을 쪼개고 쪼개서 봤는데, 결말이 이상하면 너무 억울하잖아요!"

그래서인지 이런 요약편 영상이 더 큰 인기를 끄는 경우도 있어요. 빅데이터 분석 플랫폼인 모바일인덱스는 2023년에 상당히 재미있는 조사 결과를 발표했습니다. 우리나라 넷플릭스의 2023년 1월 월간 순 방문자 수MAU는 1,258만 명이었는데, 한 유튜브 채널에서 편집한 넷플릭스 오리지널 드라마 〈더 글로리〉의 몰아보기 영상 조회 수는 1,381만 회(2023년 2월 기준)였다는 겁니다. 그러니까 요약 영상 하나를 본 사람들의 수가 넷플릭스의 한 달 이용자 수보다 120만 명 더 많았다는 뜻이죠.

이런 요약 영상은 SF 장르의 영화 〈듄〉, 드라마 〈삼체〉처럼 한번에 이해하기 어렵거나 너무 긴 작품인 경우 더 인기가 많습니다. 많은 시청자가 대략의 줄거리나 등장인물 간의 관계, 결말과 반전 등을 빨리 알고 싶어 하기 때문입니다.

요약 영상이 아니라 작품 본편을 볼 때도 그냥 감상하지 않습니다. 1.5배속, 2배속 등의 배속 기능을 사용하는 시청자가 대부분입니다. 여러분도 동영상을 정속으로 보는 것보다 배속 기능을 통해 조금이나마 빠르게 보는 것에 더 익숙하죠?

재미있는 정보가 넘쳐나는 시대, 우리는 빠르게 콘텐츠를 파악하고 다음 콘텐츠로 넘어가기를 반복합니다. 시간이 아까우니 요약 영상을 먼저 확인하고, 본편을 볼 때도 배속 설정을 잊지 않죠.

이러한 현상의 배경에는 콘텐츠 시장의 발전이 숨어있습니다. 기술의 발전으로 한국인들의 콘텐츠 소비가 늘어나자 동영상 콘텐츠 시장도 커질 수밖에 없었고, 그렇게 거대해진 시장이 하루에 수백 편씩 새로운 콘텐츠를 쏟아내니 사람들은 점차 재생 속도를 올릴 수밖에 없는 겁니다.

시간이 없어. 대충 내용만 알면 돼. 다음 것도 봐야 하니까.

음악을 듣고 책을 읽고 영화를 '감상'하는 것이 아니라, 쏟아지는 콘텐츠들을 패스트푸드처럼 빠르게 소비할 뿐입니다.

우리는 어느덧 2배속의 사회에 살고 있습니다.

소유 경제에서 경험 경제로

"시간은 돈이다 Time is money**"**는 아주 오래된 격언입니다. 사실 시간은 언제나 중요한 자원이었죠. 그런데 최근 들어 유독 더 시간이 소중해진 이유는 무엇일까요? 단순히 우리가 바빠진 것뿐일까요?

표면적으로만 보면 그렇겠지만, 이 트렌드 뒤에는 경제의 패러다임이 **소유 경제**에서 **경험 경제**로 변화했다는 사실이 숨어있습니다. 쉽게 설명해볼까요? 소유 경제 시대에는 '내가 뭘 갖고 있느냐'가 무엇보다 중요했습니다. 값비싼 보석, 자동차, 집, 희귀한 물건들이 부의 상징이었죠. 그걸 갖지 못한 사람들은 가진 자들을 부러워했고요. 하지만 지금은 아닙니다. 이제 자랑거리가 되는 건 남들이 해보지 못한, '나만의 남다른 경험' 그 자체입니다.

"차는 누구나 있고, 다들 비슷한 아파트에 살잖아?
남들 다 사는 핸드백도 뭐, 별것 없어."

아무나 가지 못하는 여행지, 희귀하고 색다른 음식들, 아주
소수에게만 제공되는 특별한 서비스. 오늘날엔 이것들이 과
시의 대상입니다. 여행과 맛집, 핫플레이스 등의 공통점은 모

 이제 우리는 돈으로 살 수 있는 비싼 것만큼이나 시간을 투
자해야 얻을 수 있는 값진 것들을 동경하기 시작했어요. 대
표적으로는 '시간 부자'만이 가능한 해외여행이 있겠네요.

두 **시간**을 요구한다는 겁니다. 여행, 그것도 해외여행을 떠나려면 보통 5일 정도는 시간을 들여야 합니다. 1년에 두 번만 가도 벌써 10일이 훌쩍 넘죠. 이제는 돈만 가지고서는 사치를 누릴 수 없습니다. 그만큼 여유로운 시간이 있어야 여행도 즐길 수 있다는 이야기입니다.

이렇게 시간을 들여 어떤 것을 천천히 소비하고 즐기는 것이 부의 상징이 된 시대일수록, 사람들은 어떤 것에는 조금의 시간 낭비도 허용하지 않으려고 합니다. 시간의 소비에도 **양극화 현상**이 일어나는 것이죠.

배달의민족으로 음식을 주문하거나 카카오T를 통해 택시를 호출하면, 앱 화면에는 실시간으로 도착 정보가 뜹니다. 사람들은 음식이 어디까지 왔는지, 택시가 어느 골목을 지나고 있는지를 분초 단위로 알기 원합니다. 기다리는 시간이 조금이라도 늘어나면 위약금을 물면서 주문을 취소하기도 하고요. 온라인 리뷰란의 별 한 개짜리 리뷰들에는 기다림에 대한 불평이 가득합니다. 대중교통에서도 마찬가지입니다. 만약 버스 정류장에 버스의 도착 예정 시간을 알려주는 정보 전광판이 없다면 곧바로 스마트폰을 꺼내 앱을 켜고 버스의 도착 시간을 확인합니다. 버스가 언제 올지 모른다는 건 분초사회에서는 정말 있을 수 없는 일이니까요.

시간 도둑의
함정

사람들은 바쁘게 살 때 뿌듯함을 느낍니다. 생산성이 높고 삶에 적극적으로 임하고 있다는 자부심을 가지기도 하죠. 바쁘다는 건 그만큼 할 일이 많다는 뜻이고, 할 일이 많다는 건 그만큼 남들의 인정을 받는다는 뜻입니다. 또 점점 수입이 늘어날 가능성도 높은 것으로 해석됩니다. 전반적으로 능력 있는 사람이라는 이미지가 강하죠.

하지만 지금, 우리가 '꼭 해야 할 일'을 하는 것인지에 대해서는 다시 생각해볼 필요가 있습니다. 오늘날 사람들은 생계를 위해 반드시 해야 하는 일보다는, 단지 심심해서 혹은 남들과 잘 어울리기 위해 하는 일에 점점 더 많은 시간을 투자하고 있기 때문입니다. 중독성이 강한 SNS와 콘텐츠 플랫폼 등이 그 예시죠. 초고속 네트워크와 인터넷의 방대한 정보량에 압도된 현대인들은 지식과 오락, 교류를 온통 온라인에 의존하고 있습니다. 게다가 이 모든 것이 무제한적으로 저렴하게, 때로는 거의 공짜로 제공되니 끊기가 힘든 것이 사실입니다.

하지만 사실 우리는 눈치채지 못한 사이에 엄청난 대가를

치르고 있습니다. 바로 **집중력 상실**입니다. 여러분도 아래의
질문들에 한번 대답해보세요.

＊ 1시간 이상 독서를 한 경험이 있나요?

＊ 글을 쓰기 위해 반나절을 보낸 적이 있나요?

＊ 1분 이상 어떤 동영상을 시청한 적이 있나요?

＊ 건너뛰기 없이 정속으로 영화를 본 적이 있나요?

＊ 상대방이 10초 안에 메시지에 답장을 안 하면 초조한가요?

 명화를 감상하기 위해 일부러 미술관을 찾은 사람들. 관람
객들이 한 작품에 집중하는 시간은 평균 몇 초일까요?

어쩐지 아찔한 기분이 들죠? 집중력은 오늘날 가장 빨리 사라지고 있는 현대 인류의 자원입니다. 인간의 집중력이 금붕어보다 짧다는 충격적인 연구 결과가 있을 정도로 집중력 감소 현상은 매우 심각합니다.

영국 런던의 테이트 갤러리Tate Gallery에서는 사람들이 작품 앞에 멈춰있는 시간이 얼마나 되는지를 조사했습니다. 조사 대상은 일부러 시간을 내서 미술관을 찾은 관람객들이니, 그들은 여러 명화와 조각상을 감상하기 위해 갤러리에 온 것일 테였죠. 그러나 조사 결과, 사람들이 한 작품을 집중해서 본 시간은 평균 8초인 것으로 밝혀졌습니다. 그러니까, 모두가 한 작품 앞에 8초 정도 머무르다 떠난 겁니다.

8초는 우리가 평소에 관심을 기울이는 평균 시간이라고 할 수 있습니다. 뉴스를 보거나 음악을 듣거나 영화를 보거나 다른 사람들과 이야기를 나눌 때, 8초가 지나면 우리는 다음으로 건너뛴다는 이야기입니다. 이건 금붕어의 집중력보다 짧은 시간이에요. 더 놀라운 사실은 이 조사가 2019년에 진행됐다는 겁니다. 벌써 5년이 지난 시점이죠. 그렇다면 지금 우리의 집중력은 몇 초 정도일까요? 8초보다 훨씬 짧아졌을 가능성이 높습니다.

분초사회의 빠른 속도와 저렴한 정보, 폭포처럼 쏟아지는 콘텐츠는 집중력이라는 소중한 자원을 앗아갔습니다. 이 책의 또 다른 키워드인 **호모 프롬프트**에서도 다루겠지만, 생성형 AI 시대를 살아야 하는 우리에게는 차분히 사색하고 자신을 되돌아볼 수 있는 **아날로그 역량**이 그 어느 때보다 중요합니다. 이를 위해 필요한 건 멈춤과 기다림의 미덕이죠.

오늘 하루, 삶의 속도를 늦춰보세요. 천천히 걸으며 생각하고, 버스를 기다릴 때는 스마트폰 대신 하늘을 보고, 잠들기 전에는 잠깐 독서를 하고, 정말 보고 싶었던 영화가 있다면 처음부터 끝까지 정속으로 감상해보고, 가까운 친구에게 메시지 대신 손편지를 써보세요. 속도는 조금 느리겠지만 그 순간의 경험들은 아마 더 기억에 남을 거예요. 천천히 흐르는 시간이 그 짧은 순간들을 한층 특별하게 만들어줄 테니까요.

분초사회에 필요한 건 어쩌면 '삶의 빈 공간' 혹은 '시간 비우기'가 아닐까요?

★ **여러분은 하루에 몇 시간 잠을 자나요?**

- 잠도 아껴서 잔다는 오늘날, 여러분의 평균 수면 시간은 어느
  정도인가요?

★ **하루 24시간이 부족하다고 느낀 적 있나요?**

- "24시간이 모자라!" 공부와 취미 생활까지 분초 단위로 나눠 쓰는
  여러분의 24시간은 충분한가요, 부족한가요?

★ **분 단위의 스터디 플래너나 다이어리를 써본 경험이 있나요?**

- 이제 학생들을 위한 스터디 플래너나 다이어리도 10분 혹은 1분 단위로
  기록할 수 있도록 만들어지는 추세예요. 여러분의 기록 생활은 어떤
  모습인가요?

★ 하루 중 가장 한가한 시간은 언제인가요?

　- 한숨을 돌리며 여유롭게 보낼 수 있는 시간이 언제인지, 곰곰이
　　생각해봅시다.

★ 잠들기 전에 가장 많이 하는 일은 무엇인가요?

　- 유튜브 탐방, 친구와의 메신저, 혹은 OTT 시청? 그 일에 얼마나 많은
　　시간을 쓰나요?

3

평균 실종

"평균이 사라진대요!"
그럼 어떻게 되는 거지?

평균은
왜 필요할까?

"이번 중간고사 결과가 나왔다. 우리 반 평균은 72점, 꼴찌에

서 두 번째야. 기말고사 때는 조금 더 분발하자."

시험, 시험, 점수, 점수! 시험과 점수 그리고 성적으로 기억

되는 우리나라 학교에서 가장 많이 들리는 말이야말로 어쩌

면 **평균** 아닐까요? 사람들은 왜 그렇게 평균을 좋아하는 걸까

요? 한국인 평균 IQ, 평균 키와 몸무게, 과목별 평균 점수, 좋

은 대학에 진학한 선배들의 평균 수능 등급, 평균 취업률까

지……. 우리 주위엔 온통 '평균'이 가득합니다.

"우리 반이 너희 반보다 더 잘했네."

"작년 선배들이 재작년 선배들보다 평균 등급이 더 높았대."

"왜 평균 진학률이 점점 떨어지는 거지?"

어때요, 쉽게 들을 수 있는 말들이죠? 여기엔 숨겨진 공통점이 하나 있습니다. **우리가 뭐든지 '단체'로, 그러니까 '집단'으로 뭉뚱그려 바라본다는 점입니다.**

예를 하나 들어봅시다. 어떤 반의 평균이 72점일 때 가장 점수가 높은 학생과 가장 점수가 낮은 학생의 점수 차는 얼마일까요? 25명이 있는 반에서 학년을 통틀어 가장 높은 점수를 받은 학생이 두 명 있다고 해도, 나머지 23명 중 4명의 점수가 최하점에 가깝다면 그 반의 평균 점수는 뒤에서 두 번째가 될 수도 있습니다. 이렇게 최고 점수와 최저 점수 사이에는 분명한 차이가 존재하는데도, 최고와 최저를 굳이 합해서 평균을 내야 하는 이유는 대체 뭘까요?

여러분도 한 번쯤 '관행'이라는 단어를 들어봤을 겁니다. 관행은 예전부터 해왔기 때문에 지금도 별 생각 없이 그렇게 하는 행동을 가리키는 말이에요. 모든 것에 평균을 따지는 일도, 어쩌면 그런 관행 중 하나일지 모릅니다.

"2023년 현재, 병무청이 발표한 20대 남성의 평균 신장은

174.3센티미터입니다. 이는 1999년의 결과에 비해 2센티미터 이상 늘어난 수치입니다."

나라에서는 늘 여러 통계자료를 발표합니다. 국민소득, 무역수지, 저축액, 부채액……. 뉴스에서 자주 보이는 건 대부분 어렵고 딱딱한 경제 용어들이지만, 위의 뉴스처럼 나 혹은 주변인과 관련된 단어가 들리면 귀가 쫑긋해지죠. '나는 과연 평균일까?' 하는 궁금증이 저절로 들고요.

내 성적이나 생활수준, 부모님께 받는 용돈 등이 '평균'에 속하거나 평균보다 좀 더 높다는 사실을 확인하면 괜히 안심이 되고, 반대로 평균보다 못하다는 사실을 알게 되면 왠지 기분이 나빠질 때가 있죠? 이런 경우 평균은 일종의 기준점처럼 쓰입니다. 집단 속에서 나의 위치가 어디쯤인지를 가늠하게 도와주는 척도인 겁니다. 내가 잘 살고 있는지, 또래들에 비해 괜찮은 수준인지를 확인하고 싶을 때 우리는 오래된 습관처럼 평균을 찾곤 합니다.

그렇다면 '평균을 찾는 습관'은 대체 어디서 온 걸까요? 사실 평균이라는 개념은 산업혁명 이후에 나타난 대량 생산과 대량 소비 그리고 이에 따른 획일적인 집단 교육 체제의 등장과 깊은 관련이 있습니다.

예전에 인간은 그저 하나의 존재 혹은 자연인에 머물렀습니다. 하지만 산업혁명이라는 바람이 불면서, 모두가 공장이나 회사, 학교처럼 거대하고 비슷비슷한 집단 속의 한 '개체'로 여겨지게 됐죠. '나'라는 개체가 집단의 평균보다 나은 존재인지, 못한 존재인지를 평가받기 시작한 것도 그때부터였습니다.

하지만 **테일러리즘**으로 대표되는 제조업의 시대는 이제 저물었습니다. 각종 서비스업과 IT 산업이 발달을 거듭하고, 개인의 개성을 중시하는 문화가 자리잡으면서 사람들은 이제 평균이라는 개념에 회의적인 시각을 갖게 됐습니다. 이러한 변화의 중심에는 정규분포가 있습니다. 평균을 내기 위한 전제조건인 정규분포가 와르르 무너져 버렸거든요.

테일러리즘
Taylorism

합리적이고 과학적인 업무 관리법이라 평가받았던 이론이에요. '일하는 사람의 자율성'과 '적성', '능력치'처럼 주관적인 지표 대신, 객관적인 지표만을 통해 모든 업무를 체계적으로 처리하는 것이 테일러리즘의 목표랍니다.

평균이 사라지는
세 가지 이유

정규분포는 말 그대로 여러 값이 분포하는 형태가 어느 정도 정해진 규칙을 보인다는 뜻입니다. 아래 그래프를 살펴보면 이해가 쉽습니다. 마치 종 모양처럼, 그래프의 가운데로 대다수의 값이 몰리게 되거든요. 예를 하나 들어볼까요? 20년 전만 해도, 우리나라 여성들의 평균 결혼 연령은 25~28세였습니다. 그 정도 나이가 되면 여성들은 대부분 결혼을 하고 아이를 낳았습니다. 이런 경우는 평균을 내기가 쉽습니다. 거의

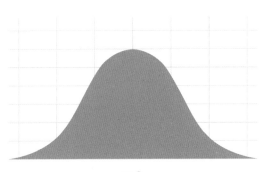

평균

정규분포는 이렇듯 대세를 이루는 어떤 값이 가운데에 크게 자리하는 모습을 보인답니다.

모든 사람들이 그 평균값 부근에 모이거든요.

그런데 요즘은 어떤가요? 30살이 넘어도 미혼인 여성들이 수두룩합니다. 20대 초반에 결혼하는 경우가 매우 드물고, 40살이나 50살이 되어 처음 결혼하는 사람들

도 꽤 있습니다. 과거였다면 '평균을 크게 벗어났다'라는 이유로 괜한 눈총을 받았겠지만, 지금은 당사자도 주변의 지인들도 그다지 개의치 않습니다. 이런 경우에는 평균을 낸다고 해도 그 평균값이 별로 의미가 없습니다. 평균값 계산에 사용된 수치들이 너무나 다양하게 분포돼 있거든요. 이러한 현상을 **다극화** 혹은 **N극화**라고 부르며, 아래와 같은 그래프로 나타냅니다.

다극화(N극화)

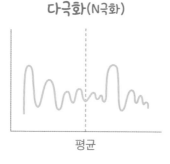

평균

평균이 사라지는 두 번째 이유는 **양극화**라고 불리는 현상 때문입니다. '빈부 격차'로 예를 들어볼까요? 예전에도 물론 가난한 사람과 부자 간의 격차는 제법 컸습니다. 그래도 어느 정도는 평균을 내는 것이 가능했고, 그 '평균'을 기준 삼아 여러 수치들을 살펴볼 수 있었습니다. 하지만 오늘날의 모습은 조금 다릅니다. 부익부 빈익빈 현상이 점점 심해지면서 빈부 격차는 그 어떤 때보다 벌어지고 있습니다. 상위 20%에 해당하는 사람들의 자산이 하위 20% 자산의 무려 64배에 이른다는 발표가 나올 정도예요.

이런 상황에서 국민 전체의 평균 자산을 계산하는 것이 무슨 의미가 있을까요? 2023년, 우리나라의 1인당 국민소득은 약 3만 3,000달러 혹은 4,400만 원이었습니다. 이건 2023년 한 해 동안 대한민국 국민 한 명이 평균적으로 4,400만 원을 벌었음을 의미합니다. 4인 가족이라면 총 1억 7,000만 원이 넘는 금액을 벌었다는 뜻이 되죠.

하지만 우리 주변에서 정말로 이 정도의 돈을 버는 사람은 많이 본 적이 없지 않나요? 누군가는 한 해에 10억 원을 거뜬히 버는가 하면, 지극히 가난한 사람은 1,000만 원도 벌지 못하는 상황이니 4,400만 원이라는 평균값이 도저히 체감되질 않는 겁니다. 이것이 바로 '양극화' 현상입니다.

양극화

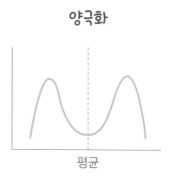

평균

평균이 사라지는 마지막 이유로는 **단극화**를 꼽을 수 있겠습니다. 이건 '한쪽으로 쏠리는 현상'을 뜻합니다. 우리 주변에서도 흔히 일어나는 일이죠. 쉬운 예를 하나 들어볼까요? 구글은 현재 전 세계 검색어 시장에서 약 93%의 점유율을 자랑하고 있습니다. 즉, 사람들이 뭔가를 검색해볼 때 가장 많이 접속하는 검색 포털이 바로 구글인 거예요. 그래서인지 종종

단극화

평균

한국 모바일 메시지 앱 사용자 수

(2022년 10월 14일 한국인 만 10세 이상 안드로이드+iOS 앱 사용자 추정)

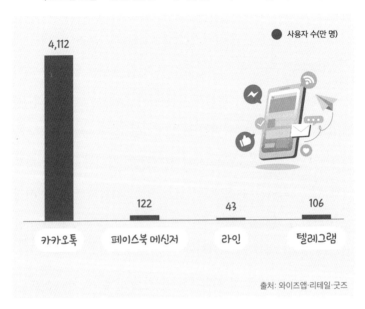

● 사용자 수(만 명)

카카오톡	페이스북 메신저	라인	텔레그램
4,112	122	43	106

출처: 와이즈앱·리테일·굿즈

이렇게 압도적으로 이용자가 많은 경우라면, 우리나라 사람들이 '평균적으로' 가장 많이 사용하는 앱이라는 말을 과연 쓸 수 있을까요?

우리는 '검색하다'라는 말 대신 '구글링하다'라는 표현을 쓰기도 합니다.

우리나라 국민 가운데 카카오톡을 설치하지 않은 사람이 있을까요? 휴대폰이 있는데도 카카오톡을 사용하지 않으면 소통이 어려운 것이 현실입니다. 유튜브는 어떤가요? 이제 우리는 영화도, 뉴스도, 드라마도, 공부도, 심지어 음악도 유튜브에 들어가서 보거나 듣습니다. 아침에 눈을 떠서 잠들 때까지 유튜브는 사실상 우리의 일상을 지배하고 있죠.

그렇다면 구글, 카카오톡, 유튜브의 경쟁자가 될 만한 회사는 아예 없는 걸까요? 안타깝지만 현재로서는 그렇습니다. 한 사업자가 시장의 80% 이상을 차지하는 상황에서 나머지 사업자들이 할 수 있는 일은 거의 없거든요. 거대한 자본의 힘과 그에 따른 소비자의 선택으로 만들어진 지금의 단극화 시장은 **독과점**의 폐해를 낳을 것이 뻔하지만, 그 플랫폼에 한번 들어서면 빠져나오기란 불가능에 가깝습니다. 지금 당장 여러분에게 카카오톡 앱을 지우라고 하면, 그렇게 할 수 있나요?

이것이 바로 IT 시대 플랫폼의 위력입니다. 소비자와 돈과 콘텐츠를 블랙홀처럼 빨아들이는 플랫폼 사업자들은 **승자독식**의 대표적인 예입니다. 당장 우리의 일상에서도 이러한 구조를 찾아볼 수 있어요. 우리도 배달 음식을

독과점, 그리고 승자독식

'독과점'은 특정한 시장에서 하나의 회사가 압도적인 1위를 달리는 상태를 말해요. 경쟁사가 아예 없거나, 있더라도 사실상 경쟁이 되지 않을 만큼 어마어마한 차이를 보입니다. '승자독식'도 이와 관련된 표현입니다. '이긴 사람이 모든 것을 갖는다'라는 의미거든요.

시켜 먹을 때면 배달 앱을 켜고, 리뷰가 많은 순서나 주문량이 많은 순서로 가게를 정렬한 후 '동네 1등 맛집'에서 주문을 하잖아요. 그러면 결국 특정한 가게에 주문이 몰리고, 그저 그런 나머지 식당들은 문을 닫게 됩니다.

네트워크 효과
Network Effect

어떤 상품에 대한 소비자의 관심과 수요가, 다른 소비자의 관심과 수요에 의해 영향을 받는 현상을 뜻해요. 여러분도 친구들이 유독 많이 사용하는 특정 '유행 아이템'을 눈여겨본 적이 있지 않나요?

이처럼 한 소비자가 다른 소비자에게 영향을 미치고, 그 소비자가 또 다른 소비자에게 영향을 미치는 식의 **네트워크 효과**는 모든 소비가 한 곳에 집중적으로 쏠리는 현상을 극대화하며 흔히 말하는 '○○ 광풍' 현상을 낳습니다. 평균이 사라진 모습, 왠지 씁쓸하지 않나요?

집단보다 개인,
각자의 취향이 더 중요한 사회

그렇다면 평균이 실종되는 현상은 마냥 나쁜 걸까요? 우리에게 익숙한 단어인 '평균'이 사라져버린다니, 왠지 불안한 마음이 들기도 합니다.

사실 평균은 그동안 우리 사회의 안전판 같은 역할을 해왔습니다. 예컨대 내가 받은 시험 점수가 평소보다 조금 낮은 수준이라 해도, 우리 반의 평균보다 높다면 어쩐지 안심이 됩니다. 기업이 신제품을 내놓을 때도 마찬가지입니다. 소비자들이 평균 만 원대의 가격을 선호한다는 사실을 알고 있으면 그 가격에 맞춰 제품을 기획할 수 있습니다. 사람들이 보통 20대 후반에 결혼을 하고 자녀 두 명 정도를 낳아 4인 가족을 이루는 것이 '평균'이라는 조사 결과가 발표된다면, 사회와 기업의 복지 제도도 그러한 삶의 모습에 맞춰 비교적 쉽게 만들 수 있죠.

하지만 오늘날에는 "이것이 평균이다"라고 자신 있게 말할 수 있는 기준이 없어졌습니다. 앞에서 살펴봤듯, 평균을 이루는 값들이 저마다 다극화·양극화·단극화됐기 때문입니다. 예전에는 만 원대의 물건을 주로 구매하던 사람들도, 이제는 천 원짜리 알뜰 소비를 하기도 하고 때로는 10만 원짜리를 과감하게 지르는 모습을 보이기도 합니다. 늘 편의점 라면만 사 먹던 사람이 어느날 10만 원이 넘는 호텔 빙수, 혹은 그보다 더 비싼 오마카세(맡김차림)를 사 먹는다 해도 놀랍지 않은

 지금은 한 끼 식사에서도 '평균'을 내기가 힘들어졌어요. 편의점 라면을 주로 먹는 사람이 한 달에 한 번씩 고급 정식을 즐기기도 하거든요.

날이 온 겁니다.

이제 기업들은 소비자의 평균을 찾아내고 그에 맞춘 제품을 출시하는 일을 어려워하고 있습니다. 그래서 최근 인기를 얻은 제품들을 살펴보면, 아주 저렴하거나 깜짝 놀랄 만큼 비싸거나 둘 중 하나인 경우가 많죠.

또 예전에 기업들은 4인 가족을 기준으로 각종 복지 제도를 마련했습니다. 직원이 결혼하면 축의금을 주고, 아이가 태어나면 출산휴가 및 육아휴직을 제공하는 식이었죠. 4인 가족이 방문하기 좋은 콘도와 각종 놀이시설에 대한 이용권을 주거나 학자금을 지원해주는 일도 흔했습니다. 하지만 결혼을 하지 않는 **비혼족**이 증가하고, 결혼을 하더라도 자녀를 갖지 않는 **딩크족** 역시 빠르게 늘어나면서 4인 가족은 더 이상 대한민국의 평균적인 가족 형태라고 볼 수 없게 되었습니다.

그래서인지 최근에는 기업들의 복지 제도에도 다양한 변화가 깃들었습니다. 1인 가구인 직원을 위한 청소 서비스, 반려동물을 키우는 직원을 위한 동물병원비 지원, 결혼기념일이 없는 비혼족 직원을 위한 특별 장려금, 배우자 대신 부모를 대상으로 건강검진 제공 등 예전에는 흔히 찾아볼 수 없었던 새로운 제도들이 늘어난 거예요.

과거에는 집에도 확실한 '평균'이 있었습니다. 도시 인구 중 결코 적지 않은 사람들이 아파트에 거주하는 우리나라에는 이른바 **국민 평형**이라 불리는 것이 존재하는데요. 사실은 이러한 국민 평형의 배경에도 평균이 자리하고 있습니다. 아

비혼족

자발적으로 결혼을 하지 않는 이들을 가리키는 용어예요. 주로 2030 세대, 즉 청년 세대가 속해있습니다. 결혼하지 않기를 스스로 선택했다는 점에서 이들은 '미혼'과는 확연히 구분됩니다.

딩크족

'Double Income, No Kids'의 준말로, 맞벌이를 하면서 아이를 갖지 않는 부부를 의미합니다. 비혼족과 마찬가지로, 이들 역시 자발적으로 아이를 갖지 않기를 선택한 사람들이에요.

 4인 가족을 이루고 27평형 아파트에 사는 것이 평균이었던 대한민국. 하지만 더 이상은 그런 삶이 평균이라고 말할 수 없게 됐습니다.

이가 둘인 4인 가족이 많다 보니 인기를 끌게 된 것이거든요.

하지만 요즘 들어 1인 가구가 늘어나고 4인 가족의 형태가 점점 줄어들면서 아파트 평형도 달라지고 있습니다. 똑같은 84제곱미터의 아파트라 해도 입주자들의 취향에 맞춰 방의 개수를 바꾼다거나, 주방을 다른 집보다 크게 만드

국민 평형

84제곱미터(약 27평)의 아파트를 의미합니다. 거실 하나에 방 세 개, 화장실 두 개가 달린 구조예요. 사람들이 가장 선호하고 그래서 건설 회사들이 가장 많이 짓는 평형이라 '국민 평형'이라는 별명이 붙었답니다.

는 등 구조 변경이 가능한 집이 인기를 끄는 중이거든요. 앞으로는 같은 아파트 단지, 같은 평형에 사는 친구의 집에 놀러갔을 때도 우리 집과는 완전히 다른 모습을 볼 수도 있다는 이야기입니다. 그야말로 '나만의 집', '맞춤형 아파트'인 셈이죠.

'정답사회'에서
벗어나는 대한민국

어렸을 때부터 문제의 정답을 좇으며 살아온 우리나라 사람들은 성인이 된 후에도 정답을 찾는 경향이 짙습니다. 예를 들어, 온라인 게시판에는 종종 이런 질문들이 올라옵니다.

- 그다지 친하지 않은 직장 동료가 결혼을 한다는데, 축의금은 얼마나 내야 적당할까요?
- 첫 월급을 탔습니다. 부모님 용돈으로는 얼마를 드리면 될까요?
- 데이트할 때, 비용은 꼭 반반 내야 하나요?
- 연봉이 5,000만 원인 29살 남자입니다. 이번에 신형 SUV를

사려고 하는데, 제 기준에 적당할까요?

– 소개팅 후 고백은 몇 번째 만남에서 하는 게 좋을까요?

사실 정해진 답은 없습니다. 모든 사람이 추구하는 정답, 우리나라 사람이라면 마땅히 따라야 하는 규칙을 소위 '국룰'이라고 부르는데요. 요즘은 국룰도 매일 바뀌는 추세입니다. 위와 같은 질문 게시글에 누군가 답변을 달면, 반드시 그에 반대하는 사람도 나타나 논쟁을 이어가기 일쑤죠. 이 같은 질문을 하는 근본적인 이유도 '정답을 구하고자 하는 간절한 마음' 때문이 아니라 하나의 질문 놀이에 가깝습니다. 댓글에 달리는 다양한 의견 가운데서 자신이 은연 중에 정답이라 생각하는 말을 찾아 안정감을 얻길 원하는 겁니다.

그런데 혹시, 이런 생각을 해본 적이 있나요?

'우리에게 이미 '평균'이나 '기준'이 존재한다면, 이렇게 모든 일에 다른 사람들의 의견을 물을 필요가 있을까?'

사실 예전에는 안 친한 동료의 결혼식에 낼 축의금, 취직 후 부모님께 드릴 첫 용돈, 각자 부담해야 할 데이트 비용, 인생 첫 차의 종류, 고백하기 적정한 시기 등이 모두 정해져 있

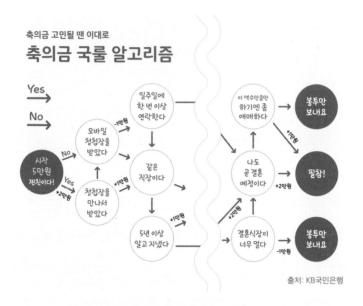

축의금 고민될 땐 이대로
축의금 국룰 알고리즘

Yes
No

시작 5만원 찐친이다!

출처: KB국민은행

고물가 시대, 데이트 비용은 어떻게?

2022년 10월 11일 20~50대 성인남녀 414명 대상 조사

(단위:%)

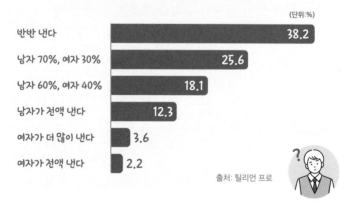

반반 낸다	38.2
남자 70%, 여자 30%	25.6
남자 60%, 여자 40%	18.1
남자가 전액 낸다	12.3
여자가 더 많이 낸다	3.6
여자가 전액 낸다	2.2

출처: 틸리언 프로

기준의 역할을 하는 평균값이 사라지면, 사람들은 '나와 같은 상황에 놓인 다른 사람들'을 찾아 답을 구합니다. 하지만 그 답은 정말 천차만별이죠. 이젠 각자가 알아서 생각하고 판단해야 합니다.

었습니다. 지금보다 뚜렷한 '평균'이 존재했다는 뜻이죠. 그런데 오늘날은 주위의 모두가 자신이 생각하는 가치관을 따라 살다 보니, 어떤 기준에 맞춰야 할지 몰라 답답한 마음이 드는 겁니다. 그렇기 때문에 온라인의 익명 게시판을 찾아 평균에 대한 갑론을박을 나누기도 합니다.

이런 현상은 **우리 사회의 평균**, 즉 **전형성**이 사라지고 있다는 사실을 분명하게 보여줍니다. 과거에는 집단주의적인 성격이 강했던 한국 사회가 서서히 개인을 중시하는 문화로 변하고 있다는 증거죠. 예전에는 인생의 필수 코스였던 진학, 취업, 결혼, 출산 등의 문제도 이제는 완전히 개인의 선택에 맡겨졌습니다.

변화의 주요 원인 중 하나로는, 고도로 발달한 SNS 환경을 꼽을 수 있겠습니다. 인스타그램과 블로그, 페이스북, 유튜브, X(트위터)를 통해 자기만의 독특한 취향과 생활을 전시하면서 사람들은 이제 나와는 다르게 사는 사람들이 엄청나게 많다는 사실을 알게 됐습니다. 자신이 몰랐던 세상을 간접 경험하는 문이 열린 거예요. 그 결과 자신에게 더 맞는 삶을 찾고자 하는 경향이 강해졌습니다. 설령 그것이 기존의 가치관, 이제까지 '평균'이라 여겨지던 것에서 크게 벗어나는 일이라 해도 말입니다.

넓어진 기회,
선택은 각자의 몫!

《평균의 종말》을 쓴 하버드 교육대학원의 교수 토드 로즈Todd Rose는 평균주의의 시대는 가고, 개개인성의 시대가 오고 있다고 말합니다. 특정한 평균값에 따라 사람 혹은 사회현상을 평가한다면 '일차원적 사고방식'의 오류를 범할 수 있다고도 경고합니다. 즉, 사람이나 현상을 평가하려면 그것을 보다 입체적으로 바라보기 위한 관찰력을 키워야 한다는 겁니다.

예를 들어볼까요? 같은 10대 청소년이라 해도 그의 행동과 가치관은 그가 처한 사회적 환경과 맥락에 의해 결정됩니다. 평소 용돈은 얼마나 받는지, SNS에서는 친구들과 어떻게 소통하는지, 어떤 과목과 분야에 관심이 있는지, 현재 이성 친구가 있는지 없는지, 해외여행 경험은 얼마나 있는지, 어떤 장르의 영화나 책을 좋아하는지에 따라, 오늘의 저녁 메뉴를 고르는 일부터 나중에 공부할 대학 전공을 정하는 일까지 천차만별로 달라진다는 이야기입니다.

평균이 실종된 오늘날의 시대는 최근에 자주 들리는 말인 '자본주의의 종말', '세계화의 종말', '육식의 종말' 등과 통하는 면이 있습니다. 다시 말해, 우리가 이제까지 정상normal으로 알고 있던 수많은 것들에 **"이게 정말 맞는 걸까?"**라는 의심이 깃들기 시작한 것이죠.

평균이 사라진다는 것은 더 많은 기회가 열린다는 의미이기도 합니다. 하지만 기회를 얻기 위해서는 '차별화'가 중요합니다. 남들과 다른 무언가가 있어야 한다는 뜻이에요. 시장에서 경쟁하는 기업들은 예전부터 "특별해야 한다!"를 외쳤습니다. 현대에 와서 이 말은 "평범하면 죽는다!"로 바뀌었죠. 지금은 평균이라는 안전지대가 사라진 시대입니다. '그냥 대충 주변에 묻어가는 삶'이 오히려 어려워졌습니다. 누군가는 더 자유롭게, 누군가는 더 치열하게, 누군가는 더 느리게 사는 것이 가능합니다. 선택은 각자의 몫이 됐습니다.

★ 평균을 내는 것이 중요한 분야에는 무엇이 있을까요?

  - 각자의 개성이 중요해진 시대, 그럼에도 불구하고 평균이 필요한 영역이
    있을까요?

★ 주변에서 평균이 사라지고 있다고 느낀 때는 언제인가요?

  - 기본적인 '의·식·주'에서도 평균은 사라지고 있습니다. 여러분이 체감한
    평균 실종 사회는 어떤 모습인가요?

★ 우리 사회에서 '양극화' 현상이 심한 사례를 찾아봅시다.

  - 가성비 제품과 오마카세가 함께 유행하는 오늘날, '양극화'는 우리의
    일상 곳곳에 숨어있어요.

★ 베스트셀러 1위에 오른 책을 사본 적이 있나요?

　- 책의 내용이 궁금했나요, 아니면 '베스트셀러 1위'라는 타이틀에 더
　　눈길이 갔나요?

　　　　　　　　　　　　　　　　　　　　　　　　　　　　　　　　　

★ 여러분은 배달 음식을 시킬 때 어떤 기준으로 식당을 고르나요?

　- 다양한 필터와 추천 서비스를 제공하는 요즘 배달 앱! 여러분만의
　　기준은 무엇인가요?

4

호모 프롬프트

우리가 AI를 이길 수 있을까?
'호모 프롬프트'에게 물어봐!

AI 시대의
화룡점정

혹시 **화룡점정** 畵龍點睛 이라는 말을 들어본 적 있나요?

그림 화畵, 용 룡龍, 점 점點, 눈동자 정睛. 이건 무언가를 완성하는 결정적인 순간이나 요소를 의미하는 말입니다. 아무리 멋들어진 용 그림을 그린다고 해도, 결국 가장 중요한 것은 눈동자를 그려넣는 마지막 터치라는 뜻이죠. TV 광고나 콘텐츠, 일상에서도 쉽게 접할 수 있는 이 표현은 "모든 것이 전부 갖춰졌다 해도, 결정적인 '이것'이 빠진다면 아무 소용이 없다"라는 뜻으로도 해석할 수 있습니다.

그런데 AI 시대에 웬 화룡점정이냐고요? 결론부터 말하면, 아무리 AI가 발달하고 챗GPT가 완벽에 가까워진다 한들 '결정적인 무언가'를 더하는 인간의 손길이 없다면 결코 우리가 원하는 완성품을 얻을 수 없기 때문입니다. AI가 무시무시한 발전을 거듭해 인간의 수준을 훌쩍 뛰어넘는다면 어떻게 될지 모르겠지만, 아직까지는 분명 그렇습니다.

아마 지금쯤 여러분은 이런 생각을 떠올렸을 겁니다.

'요즘 인공지능이 얼마나 똑똑한지 몰라서 하는 말씀! 글도 잘 쓰고, 번역도 잘 하고, 그림도 그리고, 이젠 코딩까지 척척 해낸다고. 오히려 인간 개발자들이 떨고 있다던데?'

정말 그런지, 한번 같이 알아볼까요?

2% 부족한 인공지능

우선은 여러분이 인공지능 번역기를 이용해 번역을 한다고 가정해봅시다. 아주 쉬운 문장부터 해볼까요?

나는 아침에 일어나 학교에 간다.

→ I wake up in the morning and go to school.

알고 보니 학교가 쉬는 날이었다.

→ It turned out that today was a day off from school.

이 정도는 인공지능 번역기로서도 식은 죽 먹기죠. 이제 조금 더 어려운 문장을 써볼까요?

은행 업무를 보기 위해 '반반반차'를 쓰고 나왔어요.

대부분의 회사원은 하루 업무 시간의 절반을 휴가로 쓰는 '반차'를 사용할 수 있습니다. 오전에 쉬고 오후에 출근한다면 '오전 반차', 오전에 출근했다가 오후 일찍 퇴근한다면 '오후 반차'라고 부르는 식이죠.

그런데 요즘은 이 반차의 개념이 달라지고 있어요. 반차를 다시 반으로 쪼개 쓰는 '반반차', 그 반반차를 또다시 반으로 쪼개 쓰는 '반반반차'까지 등장한 겁니다. 이런 신조어를 인공지능은 어떻게 번역했을까요? 자주 쓰이는 네 종류의 번역기(구글, 파파고, DeepL, 챗GPT)를 모두 사용해봤습니다(인공지능은 나날이 똑똑해지고 있기에, 번역 기능이 더 향상될 수도 있습니다. 다음 장의 번역은 2023년 11월 기준입니다).

① I went out using 'half-and-half' to do banking.

② I went for a banking job and came out with 'half and half'.

③ I used 'half-day off' to go see about banking matters and came out.

④ I came out with a half-and-half car to do banking.

그럴싸한 문장도 있지만 뭔가 이상하지 않나요? 아무래도 2%, 아니 10% 정도는 부족하다는 생각이 드는데요. 이러니 인간의 손길이 들어갈 수밖에 없겠네요. 그래서 나온 제대로 된 문장은 아래와 같습니다.

I took a 'half-half-half' day off to do some banking.

꽤 간단한 문장인데도 완성하지 못했다니, 조금 실망입니다. 그러니까 사람이 한다면 굳이 '쓰고 나왔다'를 번역하지 않았을 거예요. 게다가 어떤 인공지능은 '반차'의 '차'를 'car'로 번역하기도 합니다. 그렇다면 앞에서 소개했던 '화룡점정'은 어떨까요? AI는 화룡점정을 어떻게 번역했을까요?

① the finish line of a flower dragon

(화룡점정의 '화畵'를 꽃 화化로 생각했네요.)

② fire dragon

(이번에는 불 화火로 생각한 모양이에요.)

③ hwaryongjeomjeong

(발음을 그대로 옮겨 적었네요. 번역을 포기한 걸까요?)

④ the rise of a dragon

('용의 비상'이라니! 완전 다른 해석이죠.)

사실 화룡점정은 원래 한자로 이루어진 사자성어이기 때문에, 번역이 힘든 게 맞습니다. 화룡점정 외에 수많은 사자성어와 속담들도 모두 같은 처지예요. 만약 한자로 입력한다면 AI는 이 말을 중국어로 인식하여 제대로 된 번역을 할 수도 있습니다. 그렇다면 우리말에서 널리 쓰이는 사자성어를 모두 한자로 표기해야 할 텐데, 그건 어려운 일이죠. 아직 인공지능의 번역에 한계가 있다는 뜻이기도 합니다. 결국 사람의 손길이 필요한 부분이죠. 그것도 아주 많이요.

호모 프롬프트의
등장

여기서 '짠' 하고 등장하는 것이 바로 **호모 프롬프트**입니다. 호모 프롬프트는 인공지능이 제대로 된 결과물을 낼 수 있도록 안내자 역할을 하는 사람을 뜻합니다. 그게 어떤 작업이든 간에, 사람이 명령어를 '입력'하지 않는 한 인공지능은 아무런 결과물을 내지 못하거든요.

사람은 심심하면 혼자 노래도 부르고, 글도 쓰고, 그림도 그리고, 가끔은 못된 장난도 치지만, 인공지능은 사람의 명령이 떨어질 때까지 그저 가만히 있습니다. 늘 명령을 기다리는 대기 상태인 겁니다. 챗GPT의 초기 화면에 항상 "오늘은 무엇을 도와드릴까요?How can I help you today?"라는 말이 떠 있는 것도 그 때문입니다.

우리 인간의 학명은 호모 사피엔스Homo Sapiens입니다. '슬기로운 사람'이라는 의미죠. '놀이하는 사람'을 뜻하는 '호모 루덴스Homo Ludens'라는 표현도 있습니다. 그렇다면 '호모 프롬프트Homo Prompt'는 무슨 뜻일까요? 이건 인공지능과 상호작용을 하는 과정에서 인간의 역할이 더욱 중요해지고 있다

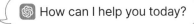
How can I help you today?

"오늘은 무엇을 도와드릴까요?" 챗GPT의 초기 화면에 늘 떠 있는 문장입니다. 여기에 사람이 어떤 명령을 입력하느냐에 따라 답은 달라지죠!

는 의미를 담은 키워드입니다. '(AI에게) **명령하는 인간**'을 가리키는 셈이죠. 결국 인간이 내리는 명령어야말로 인공지능 시대의 핵심이 된 겁니다.

혹시 '프롬프트prompt'라는 용어가 생소하게 느껴지나요? 프롬프트는 컴퓨터가 사용자의 명령을 받아들일 준비가 됐음을 알려주는 단말기의 신호를 말합니다. 지금은 대부분의 데스크톱이 윈도우Window 운영체제를 사용하지만, 예전에는 도스DOS라는 운영체제가 널리 쓰였는데요. 그땐 모든 명령을 까만색 바탕화면에 텍스트로 입력해야만 했어요. 당연히 마우스도 없었고, 오로지 키보드로만 명령을 내렸습니다.

도스 시절의 모니터 속에는 텅 빈 화면에 깜빡거리는 밑줄

하나만 있었는데 그걸 '프롬프트'라고 불렀습니다. 결국 프롬프트는 컴퓨터와 인간이 소통하는 채널이자 방식입니다. 윈도우 시대로 넘어오며 거의 사라지기 직전이었던 이 단어가 지금, 인공지능 시대에 화려하게 부활했습니다. 인공지능과 커뮤니케이션하기 위해서는 텍스트로 명령어를 입력해야만 하기 때문이에요. 물론 소리 내어 말하는 명령어를 알아듣거나 그림을 인식하는 인공지능도 있긴 하지만, 지금으로서는 텍스트 입력이 가장 정확하다고 합니다.

AI와 소통하는 일도 그냥 되는 것이 아닙니다. 만약 여러분이 어떤 문장을 번역해달라고 요청하고 싶다면, 반드시 명령어에 '번역해줘translate'라는 말을 넣어야 합니다. 그림을 그려주길 원한다면 '그려줘draw'를 입력해야 하고, 마찬가지로 '문장을 줄여줘', '이 문장의 요점을 말해줘', '아래의 문장을 조금 긴 분량으로 늘려줘'처럼 명령어가 정교할수록 인공지능은 더 나은 결과물을 만든답니다.

예컨대 여름휴가 때 방문할 해외여행지를 골라야 하는데 아직 마음을 정하지 못했다면 인공지능에게 이렇게 물어볼 수 있습니다.

"한국인이 여름에 가기 좋은 해외여행지를 골라줘!"

이런 경우, 인공지능은 유럽과 동남아시아, 북미, 호주까지 수많은 여행지를 제안합니다. 조금 광범위하게 느껴지죠. 한층 더 자세한 답을 원한다면 질문을 좁혀봐야 합니다. 그냥 '여름'이 아니라 7월인지 8월인지를 정해야 해요. 가족과 같이 떠나는지, 혼자 가는 여행인지도 체크해야 하고요.

이제 더 세심한 명령을 내려볼까요?

- "8월에 4인 가족이 방문하기 좋은, 시원하고 한국보다 물가가 낮은 동남아 여행지를 골라줘."
- "6월에 비가 안 내리고 돌아다니기 좋은 날씨, 영어로 소통이 가능한 여행지를 골라줘."
- "두 사람이 300만 원으로 갈 수 있는 최고의 동남아 여행지는 어디일까?"

이렇게 질문이 조금씩 정교해지고 세부 사항이 확실하게 제시될수록 인공지능의 답도 더 정확해집니다. 두루뭉술한 대답 대신 우리가 정말로 원하는, 여행에 참고해볼 만한 대답이 나온다는 뜻이에요. 여러분도 위의 질문을 입력해보고 어떤 답이 나오는지를 확인해보세요.

그림 대회에서
1등을 한 게 AI라고?

여기 인공지능으로 멋진 그림을 만들어낸 사람이 있습니다. 2022년 8월, 미국 콜로라도 주립 박람회 미술 대회의 디지털 아트 부문에선 〈스페이스 오페라 극장Theatre D'opéra Spatial〉이라는 작품을 출품한 제이슨 앨런Jason Allen이 우수상을 차지했는데요. 그리스·로마 시대의 의상을 입은 가수들과 웅장한 오페라 하우스의 무대, 그리고 은은하게 비치는 둥근 달이 인상적인 이 그림은 몽환적이면서 고전적이고 또 우주의 신비로운 분위기가 절묘한 조화를 이루고 있습니다.

그런데 이 그림을 출품한 제이슨 앨런은 놀랍게도 화가가 아닙니다. 게임 기획자인 그는 이미지 생성 AI인 '미드저니Midjourney'로 이런저런 그림을 그리는 재미에 푹 빠져들었다가 결국 미술 대회에 출품할 만한 대작에 도전하게 됐다고 밝혔습니다.

화가가 그림 한 점을 완성하기까지 수많은 붓 터치를 해야 하듯이, AI가 그림을 그리려면 수없이 많은 명령어, 즉 프롬프트가 만들어져야 합니다.

우아하기 그지없는 이 그림, 〈스페이스 오페라 극장〉은 도 대체 어떤 명령어를 입력해야 그릴 수 있을까요? 미드저 니라는 인공지능이 혼자 그린 그림은 절대 아니에요. 명령어를 제대로 넣 지 않으면, 아래와 같은 그림이 나올 수 있습니다.

딱 봐도 어딘가
엉성하죠?

만일 우리가 〈스페이스 오페라 극장〉을 똑같이 따라 그리려면, 미드저니라는 AI에 제이슨 앨런이 명령했던 것과 정확히 똑같은 명령을 순서대로 내려야만 한다는 뜻입니다. 단순히 "우주적인 공간 좀 그려줄래? 거기에 둥근 달이 비치고 있고, 그리스·로마 시대 스타일의 긴 드레스를 입은 사람들이 대리석 기둥이 받치고 있는 화려하고 고전적인 무대에 서 있어" 정도로만 명령해서는 절대 이런 작품이 나오지 않아요.

앨런은 거의 80시간이 넘도록 900번이 넘는 지시어, 즉 '프롬프트'를 입력한 끝에 작품을 완성했다고 합니다. 그렇다면 〈스페이스 오페라 극장〉의 저작권은 누구에게 있을까요? 아쉽게도 미국 법원은 그림의 저작권이 앨런에게 있음을 인정하지 않았습니다. 판결의 이유는 아래와 같았죠.

"인간의 개입 없이 이뤄진 작품에 대해 저작권을 인정할 수 없다."

이 말은, 그림이든 글이든 생성형 AI가 제작해내는 작품은 전부 기존에 존재하는 데이터를 단순히 '학습'한 결과물이기 때문에 순수한 창작물이 아니라는 이야기입니다. AI는 인터넷 세상을 탐험하면서 (인간이 미리 만들어놓은) 여러 데이터를 수집하고 공부하며 발전하거든요. 인간의 데이터가 AI의 성장 발판인 셈입니다.

하지만 다른 각도에서 생각해볼 수도 있습니다. 이 그림을 그리기 위해 제이슨 앨런이 입력한 900개가 넘는 프롬프트, 즉 명령어는 분명 앨런의 것입니다. 물론 누군가 그 명령어를 그대로 복사해 순서대로 입력한다면 동일한 그림이 나올 수도 있을 겁니다. 그러나 제이슨 앨런은 자신의 프롬프트를 공개하지 않았죠. 그러니 세상의 어느 누구도 그가 어떤 명령어를 써서 〈스페이스 오페라 극장〉을 제작했는지 모르는 상황입니다.

그렇다면 이 그림은 AI가 그린 걸까요, 제이슨 앨런이 그린 걸까요?

어쩌면 앞으로는 누군가의 프롬프트 자체가 저작권을 인정받는 날이 올지도 모릅니다. 굳이 그림이 아니더라도 말입니다. 재미난 이야기를 만들어내거나, 광고 문구를 생각해내거나, 상품을 홍보할 계획을 짜는 데도 프롬프트는 필요하니까요. 원하는 답을 확실히 얻기 위해선 어떤 명령어 혹은 질문을 써야 하는지를 찾아내야 하고요.

인기 급상승 직업,
프롬프트 엔지니어

그래서 요즘은 AI와의 소통에 능하고 질문을 잘 해서 좋은 답을 얻어내는 사람들이 주목받고 있습니다. **프롬프트 엔지니어라는 직업도 새롭게 생겨났죠.** 이 직업에 요구되는 건 컴퓨터 실력보다는 뛰어난 언어능력과 높은 문해력, 이해력 그리고 문장력입니다. 사실 이런 사람들은 대상이 컴퓨터나 인공지능이 아니더라도 언제나 대화의 질이 높으며 자신이 원하는 답을 쉽게 얻어낼 겁니다.

인공지능은 현재 IT기업뿐 아니라 전 산업 분야에 퍼져 있기 때문에, 프롬프트 엔지니어에 대한 수요도 갈수록 늘어나고 있습니다. 2023년에는 우리나라에서도 무려 '1억 이상'의 초봉을 제시하는 채용 공고가 올라와 화제가 되기도 했죠.

"AI는 프롬프트만큼만 똑똑해질 수 있다"라는 말이 있을 정도로 프롬프트 엔지니어는 'AI 조련사'라고 불리기도 합니다. 인공지능이 우리의 일자리를 빼앗아간다는 원성이 높아지는 한편, 이렇게 새로운 직업도 만들어지고 있답니다.

여기서 또 하나 중요한 점은, 인공지능을 원활히 사용하기

 인공지능과의 티키타카가 가능한 프롬프트 엔지니어에 대한 수요가 높아지고 있습니다. 자격은 언어능력이 뛰어나야 한다는 것!

위해서는 복잡한 프로그래밍은 물론 간단한 코딩조차 배울 필요가 없다는 겁니다. 왜냐고요? 오늘날의 인공지능은 인간의 자연어를 기반으로 하고 있기 때문입니다. 챗GPT의 경우를 생각해봅시다. '챗'은 영어 'Chat', 즉 '가볍게 수다 떨다'라는 뜻이에요. 인간과 인공지능이 일상적인 대화를 주고받으면서 원하는 정답을 찾아가는 작동 방식이 잘 드러나는 이름이죠. 챗GPT가 하루아침에 신데렐라가 된 이유도 여기에 있습니다. 평상시에 쓰는 말 그대로 명령어를 입력하면 바로 답이 나오니까요.

이를 두고 인공지능 전문가인 안드레이 카파시Andrej Karpathy는 이렇게 말했습니다.

"오늘날 가장 인기 있는 프로그래밍 언어는 영어다."

그가 말하는 영어는 말 그대로의 '영어'가 아닙니다. 우리나라에서는 한국어, 중국에서는 중국어, 일본에서는 일본어가 될 수 있습니다. 그러니까 언어에 능한 사람이 인공지능 시대에 유리하다는 이야기예요. 단순히 말을 잘하는 게 아니라 언어의 논리력을 갖춰야 합니다. 결국 국어를 잘하는 사람이 유리하겠죠. "인공지능 시대에는 문과생이 뜬다!"라는 말이 자주 들리는 것도 이런 이유입니다.

인간 vs. 인공지능

인공지능 사회를 이야기할 때 사람들이 가장 궁금해하는 부분은 아마 "인간 수준으로 사고하는 인공지능이 등장할 수 있는가, 그렇다면 그 시점은 언제인가?" 하는 점일 겁니다. 우리의 상상 속 모습처럼 수준이 높은 인공지능을 **범용 인공지능**이라고 부르는데요. 〈아이언맨〉 등 마블 영화 속에서 활약하는 인공지능 '자비스'처럼 자신에게 주어진 모든 상황에서 학습·판단·창작할 수 있는 인공지능을 말합니다. 전문가들에 따르면, 인간 수준의 생성형 AI가 2061년에 등장할 가능성은 50%, 100년 이내에 등장할 가능성은 90%입니다.

다른 기술과 달리, 많은 사람이 인공지능을 두려워하는 까닭은 "언젠가는 기술이 인간을 압도하게 되지 않을까?"라는 염려 때문입니다. "결국 인간이 기계에 의해 대체되는 건 아닐까?" 라거나 "인간다움의 가치가 사라지는 건 아닐까?" 하는 막연한 두려움이 그 어느 때보다 커졌습니다. 요즘은 다들 한번쯤 스스로에게 이런 질문을 던지곤 합니다.

"이제 내가 인공지능보다 더 잘할 수 있는 일이 뭐가 있을까?"

사례를 하나 살펴볼까요? 최근 우리나라의 한 대형 백화점에는 인공지능 카피라이팅 시스템이 도입됐습니다. 회사 내부에 AI 직원을 배치한 후, 해당 AI에게 백화점을 홍보하는 광고 문구를 작성하도록 시킨 것이죠. 물론 지난 3년 동안 가장 반응이 좋았던 광고 문구들과 행사 문구들 1만여 건을 미리 학습시키는 것도 잊지 않았습니다.

"우리 백화점에서 열리는 아트페어를 홍보하고 싶어. 각 세대
별로 어울리는 광고 문구를 써줄래?"

AI 직원은 이 요청에 어떤 답을 내놓았을까요? 20대를 홍
보 타깃으로 설정했더니, "인싸가 되고 싶다면 ○○로 모여
라"라는 문구를 완성했습니다. 50대를 타깃으로 설정한 경우
에는 "예술이 흐르는 백화점으로 여러분을 초대합니다"라는
문구를 썼고요. 꽤 그럴싸하죠?

이렇게 각 세대에 어울리는 카피들을 만들어내는 데 걸린
시간을 비교해보니, 사람이 했을 때는 2~3주쯤 걸리는 작업
을 AI 직원은 3~4시간 만에 해냈다고 합니다. 극적으로 시간
을 단축하는, **속도 혁명**이라고 할 수 있겠습니다. 그렇다고 사
람의 일이 없어졌냐 하면 그건 아닙니다. 결국 AI가 만들어낸
카피를 심사하고, 평가하고, 그것을 쓸지 말지 결정하는 일은
사람의 몫이기 때문이에요.

또한 AI의 도입으로 사람의 일이 70% 정도 줄었다고 해도,
나머지 30%가 해당 작업의 '완성도'를 결정 짓는 요소라면
그 일은 사람만이 할 수 있는 경우가 많습니다. 즉 인간이 해

야 할 전반적인 업무의 양은 줄어들었지만, 대신 '화룡점정' 같은 결정적인 요인에 더욱 집중함으로써 최종 퀄리티를 높일 수 있다는 이야기입니다.

드라마 작가들이 파업을 한 이유

이렇듯 용의 그림에 눈동자를 찍을 수 있는 **호모 프롬프트**는 AI 시대에 각광받는 인재가 될 겁니다. 하지만 AI와 인간의 역할 사이에 적절한 균형이 맞춰지지 못한다면, 큰 갈등이 벌어지고 말아요. 인간이 AI를 보조하는 역할에 머무르거나 일자리를 빼앗길 수도 있거든요.

예를 들어, 미국 할리우드의 드라마·영화 작가들은 최근 제작사와 방송사들이 AI가 쓴 대본으로 작품을 만들고 인간 작가들에게는 그 보조 역할을 맡기려는 움직임을 보이자 파업에 돌입했습니다. 수천 편의 드라마와 영화 대본을 학습한 AI가 로맨스, 액션, 공포 등 다양한 장르의 대본을 아주 저렴한 비용으로 뚝딱 써낼 수 있게 되면서 벌어진 일이었죠.

 인공지능 인플루언서들의 영향력은 나날이 커지는 중! 최근에는 인간 디자이너와 협업하여 예술 작품을 만드는 AI 디자이너도 등장했어요.

결국 제작사들이 작가들의 요구사항을 어느 정도 들어주는 등 양측이 타협을 거치면서 파업은 종료됐지만, 문제가 완전히 해결되진 않았기 때문에 그 여파가 상당히 클 것으로 보입니다.

이건 단지 영화 산업만의 일이 아닙니다. AI 가수가 노래를 부르고, AI 모델이 광고 촬영을 하고, AI 작가가 소설을 쓰고, AI 디자이너가 책의 표지를 만드는 일이 충분히 가능해졌기 때문입니다. 그렇다면 '인간' 가수와 모델, 작가, 디자이너들의 설 자리는 어떻게 되는 걸까요? 과연 우리 인간은 AI를 이용하는 존재일까요, 아니면 AI를 보조하는 존재일까요?

여러분이 '호모 프롬프트'라면 이용하는 위치가 될 것이고, 그게 아니라면 AI를 도우며 보조하는 위치로 남을 가능성이 큽니다. 지금까지는 **잉글리시 디바이드**, 혹은 **디지털 디바이드**가 사회적인 이슈였다면, 앞으로는 호모 프롬프트로서의 역량을 얼마나 갖췄는지에 따라 사회·경제적 격차가 발생할 것으로 보입니다.

잉글리시 디바이드
English Divide
디지털 디바이드
Digital Divide

'영어 실력'이나 '디지털 기기 활용 능력'에 따라 사회적·경제적 격차가 벌어지는 현상을 뜻해요. 쉽게 말해, 영어를 잘하고 디지털 기기를 능숙하게 활용할수록 사회에서 유리한 위치에 서게 된다는 것.

인간만의 역량이
중요해진다

인공지능 시대에 인간으로 산다는 건 흥미롭기도 하고, 위험하기도 한 일입니다. 하지만 중요한 것은 결국 인공지능이 우리 곁으로 바짝 다가왔다는 사실입니다. 우리는 이제 AI와 공존할 수밖에 없어요. 한번 우리 곁으로 온 인공지능은 사라지지 않을 것이고, 계속 우리와 함께 살아가며 인간을 돕거나, 인간과 경쟁하거나, 때로는 인간을 위협하게 될 수도 있습니다.

호모 프롬프트에서 사람을 뜻하는 '호모Homo'라는 말이 제일 앞에 쓰인 건, 그만큼 인간적인 능력이 중요해졌음을 뜻합니다. 프로그래밍이나 머신러닝 등 컴퓨터 작업 자체에 대한 지식만큼이나 역사, 철학, 언어와 같은 인문적 지식을 갖추는 일이 점점 더 중요해지고 있습니다.

> "인간에게 쉬운 것은 컴퓨터에게 어렵고, 인간에게 어려운 것은 컴퓨터에게 쉽다."

이 말은 미국의 인공지능 연구자인 한스 모라벡이 남긴, 일명 **모라벡의 역설**이라 불리는 문장입니다. 컴퓨터는 인간에게 어려운 계산도 척척 해낼뿐더러 방대한 양의 데이터도 금세 분석해내지만, 인간에게는 쉬운 걷기와 미소 짓기, 종이접기와 같은 일은 쉽게 해내지 못합니다.

모라벡의 역설을 달리 해석하면, **컴퓨터와 인간이 힘을 제대로 합칠 수 있다면 엄청난 성과를 이룰 수 있다는 뜻**이 됩니다. 따라서 인공지능 시대를 선도하기 위해서는 인공지능이 이룰 수 없는 영역에 인간적 역량을 집중하는 것이 중요합니다. 그것은 바로 사색력과 창의력입니다. **가장 인간적인 아날로그 역량**이 무엇보다 중요해지고 있는 것이죠.

인공지능이 만들어낸 용의 그림에 마지막 점을 찍는 '화룡점정'의 역할은 인간, 즉 여러분만이 해낼 수 있다는 사실을 잊지 마세요.

모라벡의 역설
Moravec's Paradox

컴퓨터는 인간들이 어려워하는 복잡한 계산과 정보처리, 이성적 판단에 뛰어납니다. 반대로 인간은 컴퓨터가 어려워하는 감각 처리, 운동을 쉽게 해낼 수 있죠. 이처럼 인간과 컴퓨터의 능력치가 정반대로 발휘되는 현상을 가리켜 '모라벡의 역설'이라고 부릅니다.

★ **인공지능에게 가장 먼저 맡기고 싶은 일은 무엇인가요?**

- 어려운 수학 문제 풀기? 복잡한 여행 계획 세우기?

★ **여러분이 생각하는 인공지능의 강점은 무엇인가요?**

- 인간보다 인공지능이 더 잘하는 일은 무엇이 있을지, 한 번
  생각해봅시다.

★ **프롬프트 엔지니어가 되기 위해서는 어떤 준비를 해야 할까요?**

- 문해력과 이해력, 문장력 등을 키우기 위해서는 어떤 연습을 해야
  좋을까요?

★ 여러분이 생각하는 '인공지능의 한계'는 무엇인가요?

 - '용의 눈동자'를 그리지 못하는 인공지능의 한계! 여러분은 어떤
   상황에서 그 부족함을 느꼈나요?

★ 여러분이 주변에서 경험한 인공지능 서비스와 기술의 예로는 어떤
   것이 있나요?

 - 바야흐로 AI의 시대, 여러분에게 깊은 인상을 남긴 인공지능의 사례를
   설명해봅시다.

5

언택트

사람이 꼭 필요한 건 아니잖아요
'언택트'가 편해요!

비대면이
익숙한 일상

오늘 여러분의 일상은 어땠나요? 언젠가부터 우리는 "일어나!"라는 엄마의 목소리가 아니라 스마트폰의 알람 소리에 잠을 깹니다. AI 스피커에게 오늘의 날씨를 물어보고요. 학교에 가기 위해 버스 정류장으로 걸어가면, 내가 타야 할 버스가 몇 분 후에 도착하는지 실시간으로 안내가 됩니다. 그래도 자세한 정보가 궁금해서 스마트폰으로 버스의 위치를 한 번더 확인하곤 하죠.

학교에서는 친구들과 대화를 나누기도 하지만, 귀에 이어폰을 꽂고 스마트폰으로 무언가를 하고 있는 친구를 보면왠지 말을 걸기가 쉽지 않습니다. 꼭 이렇게 말하는 것 같아서요.

"나한테 말 걸지 마."

방과 후에는 패스트푸드점을 찾습니다. 매장 입구에 키오스크가 설치돼 있네요. 화면을 몇 번 터치하며 원하는 메뉴를 고르고 결제까지 곧바로 끝냈습니다. 영수증에 표시된 번호가 매장의 전광판에 뜨면 준비된 음식을 가져옵니다. 다 먹은 후에는 스스로 쟁반을 정리한 후 가게를 나옵니다. 패스트푸드점에 들어가서 식사가 끝날 때까지, 점원과는 말 하나 나누지 않았습니다.

저녁에는 동생의 생일이라 가족들이 외식을 하자고 하네요. 함께 동네에 있는 패밀리 레스토랑으로 갑니다. 그런데 자리를 안내하고 주문을 받는 사람이 보이질 않습니다. 대신 테이블 위에 조그만 패드가 놓여있어요. 패드의 화면을 터치하자 디지털 메뉴판이 뜹니다. 사진과 함께 메뉴의 이름이 쓰여있고, 여러 가지 음료와 디저트도 골라 담을 수 있네요.

4인 가족이 모두 메뉴를 고르기까지는 꽤 오랜 시간이 걸렸습니다. 디지털 기기에 익숙하지 않은 부모님은 사진을 들여다보며 메뉴를 선택하느라 애를 먹었습니다. 다음 단계로 넘어갔다 다시 전 단계로 돌아오는 등의 실수도 했고, 매우 불편해하는 모습이었죠. 겨우 주문을 마친 뒤 기다리고 있는데,

 패스트푸드점의 키오스크가 어느새 패밀리 레스토랑의 테이블로 옮겨왔습니다. 이제는 누구나 스스로 주문하고 결제하는 셀프 세상!

이번에는 서빙 로봇이 테이블로 옵니다. 물병과 접시를 건네주더니 조금 후에는 주문한 음식까지 트레이에 담아 가져다줍니다.

그렇게 맛본 음식의 맛은 예전과 같았습니다. 하지만 뭔가 달라졌다는 생각이 들었어요. 패스트푸드점에서 느꼈던 묘한 기분이 다시금 상기됐습니다. 식당에 들어가서 나올 때까지 종업원과는 한 마디 말도 나누지 않은 것은 물론, 종업원의 그림자조차 보지 못했거든요.

'콘택트'에서
'언택트'로

이렇게 우리의 일상은 어느덧 아침부터 저녁까지 **비대면**으로 이뤄지고 있습니다. 비대면을 말 그대로 풀이하자면 '얼굴을 대하지 않는다'라는 뜻이에요. 사람을 만나지 않고, 사람과의 접촉 없이 이뤄지는 일을 의미합니다.

이를 **언택트**라는 말로 표현하기도 합니다. 언택트는 2018년, 〈트렌드 코리아〉의 10대 키워드 중 하나로 소개돼 주목을 받았어요. 그러다 2019년 말부터 코로나19라는 세계적 팬데믹이 퍼지면서 '비대면 생활'이 일상이 되자, 언택트라는 말 역시 어디서나 쓰이는 표현이 된 겁니다. 《트렌드 코리아 2018》에서는 언택트를 다음과 같이 정의합니다.

－ 인공지능·로봇·사물인터넷·빅데이터와 같은 기술과 플랫폼에 의한 연결성은 기존의 전통적 소비 지형을 완전히 바꿨다. 정보로 무장하고 서로 연결된 현대인들은 더 이상 소비를 위하여 서비스하는 사람과의 만남이 필수적이라고 여기지 않는다. 이 때문에 무인편의점·무인마트·무인 주문

시스템 등 무인형 서비스들이 부상하고 있다.

– 무인항공기의 '무인unmanned'과 자율주행 자동차의 '셀프self', 사람 대신 로봇이 작동하는 공장의 '자동화automation'와 같이 그 방식은 서로 다르지만 비대면이라는 공통분모를 지닌 서비스들의 개념이 모두 섞이며 이제는 사회 전반에서 '무인無人'이라는 하나의 의미로 대표되고 있다.

– 이에 따라 이 세 가지 기술이 궁극적으로 추구하는 무인서비스의 함축된 개념으로 사람과의 접촉, 즉 콘택트Contact를 지우는 언택트Un+tact라는 조합어를 새롭게 제시한다.

언택트 = 사람과의 만남을 대신하는 방식(비대면) × 4차 산업
혁명 기술(인공지능·빅데이터·사물인터넷IoT 등)

영어에서 'un'은 주로 부정의 접두사로 많이 쓰입니다. unhappy(불행한), unreal(사실이 아닌), unable(불가능한), unfinished(끝나지 않은), unkind(불친절한) 등의 단어를 예로 들 수 있겠네요.

사실 접촉 혹은 연결이라는 뜻의 'contact'의 반대말은 'contactless'입니다. 그런데 '언택트untact'라는 신조어가 등장하면서 모두가 'contactless' 대신 'untact'를 쓰기 시작했

대출받은 도서를 반납할 때 이용하는 '언택트 도서관'. 이처럼 언택트라는 단어는 이제 일상에서 널리 쓰이고 있습니다.

다는 겁니다. 말하자면 일종의 콩글리시인 셈이죠. 하지만 언어라는 것이 사람들이 절대적으로 많이 쓰기 시작하면 결국 원칙도 변하는 법이어서, 현재 언택트는 옥스포드 사전에 등재되는 새로운 단어의 후보로 올라 있다고 합니다.

이렇듯 우리는 언택트가 일상이 된 시대에 살고 있어요. 2018년의 〈트렌드 코리아〉가 예상했던 미래가, 오늘날에는 정말 현실이 된 겁니다. **언택트의 중심은 뭐니 뭐니 해도 '무인'**입니다. 사람이 없다는 의미인데요. 요즘은 어디를 가도 '무인'이라는 간판을 쉽게 볼 수 있습니다. 무인편의점, 무인도서관, 무인카페, 무인주차장, 무인세차장, 무인호텔, 심지어 초등학교 근처에는 무인문구점까지 생겼습니다.

수많은 무인점포를 보고 있자면 문득 궁금해집니다. 사람과의 접촉이 없는 언택트 세상은 어떻게 탄생한 걸까요?

기술의 발전
그리고 비용 절감

기술의 발전은 과거에 상상만 했던 일을 현실로 만들어줍니다. 배송이 어려운 산간벽지에 위치한 곳에 사람 대신 드론을 이용한다든가, 로봇을 이용해 피자 배달을 하는 것 등이 좋은 예입니다.

높고 험한 산간 지역이나 먼 바다에 위치한 섬 지역으로 물건을 배달하는 일은 우리나라도 그렇지만, 우리보다 영토가 훨씬 넓은 중국이나 미국에서도 무척 중요한 문제입니다. 이를 위해 알리바바와 아마존 등의 전자상거래 기업들은 사람이 직접 가기 어려운 지역을 대상으로 드론을 이용한 무인 배

배달 로봇과 서빙 로봇은 어느새 흔한 풍경이 됐습니다.
그럼 사람은 모두 어디에 있는 걸까요?

달을 도입해 현재 시범 운영 중에 있습니다.

배달 로봇은 이미 우리 주변에서도 흔히 볼 수 있게 됐습니다. 식당의 홀에서 음식을 나르고 다 먹은 접시를 치우는 등, 예전에는 종업원이 하던 일을 이제는 서빙 로봇이 해내기도 하죠. 배달의민족이 운영하는 배달 로봇 '딜리'는 실제로 서울 강남구의 테헤란로에서 배달을 다니는 중이고요.

콜센터도 이제는 **챗봇**으로 대체되는 중입니다. 콜센터에 전화를 걸면 챗봇으로 자동 연결해 주는 경우도 많고, 기다리기 싫은 사람들은 은행 홈페이지나 앱

챗봇
Chatbot

음성이나 텍스트 대화, 즉 '채팅Chatting'의 방식으로 고객을 상대하는 일종의 프로그램이에요. 요즘 AI 챗봇들은 사용자들이 자주 묻는 질문 등을 학습하고 대처하며 나날이 똑똑해지고 있습니다.

에 접속해 곧바로 챗봇을 이용하기도 합니다. 소비자들이 가장 많이 묻는 질문과 답을 철저하게 학습한 챗봇은 이제 기업과 소비자에게 없어서는 안 될 소통 도구로 자리 잡았습니다. 주문을 대신하는 키오스크는 아주 당연한 일상이 됐고요.

기업의 입장에서 사람의 노동력보다 기계를 선호하는 이유는 무엇보다 비용 절감 때문입니다. 최저임금을 포함한 인건비가 꾸준히 상승하는 가운데, 기업들은 인건비를 줄여주는 언택트 기술을 더욱 적극적으로 수용하고 있습니다. 실제로 고물가 시대에 최저임금이 많이 인상되면, 무인 발권이나 서빙 로봇 등의 사업을 운영하는 회사들의 주가가 일제히 올라가는 현상이 일어나요. "인건비에 부담을 느끼는 자영업자들이 결국 무인 시스템을 많이 이용하게 될 거야!"라는 사람들의 예상 때문입니다.

이로 인해 언택트 기술이 사람의 일자리를 빼앗는다는 비판도 만만치 않지만, 인구 감소와 청년층의 취업 트렌드 변화 등으로 서비스업의 채용이 점점 어려워지면서 언택트 기술은 날이 갈수록 주목받고 있습니다.

소비자들 또한 언택트 기술이 확산된다고 해서 기존에 구입하던 제품과 서비스의 품질이 나빠지지 않는다는 사실을 알게 됐습니다. 어떤 면에서는 값싸면서도 더 빠른 서비스를 받을 수 있으니 만족도가 높아지기도 했어요. 스마트폰과 인터넷 네트워크를 이용해 원하는 것을 즉시 주문하고 빠르게 받아보는 것에 익숙해진 요즘 소비자들은 일 처리가 조금이라도 늦어지거나 기다림이 발생하는 것을 참지 못하거든요.

구글의 데이터 팀이 발표한 바에 따르면, 스마트폰의 웹 페이지 로딩이 3초 이상 지체될 경우 53%의 고객이 페이지를 떠나버린다고 합니다. 3초마저 길다고 느끼는 현대인들에게 언택트 문화는 보다 신속하고 즉각적인 만족을 얻을 수 있는 방법이기도 하죠.

그런데 어쩌면, 이보다 더 중요한 이유가 있습니다.

나를 알아보는 게 싫어!

어느 대학생이 동네 슈퍼에 생수를 사러 갔는데, 슈퍼의 주인 아주머니가 아는 척을 해왔다고 합니다.

"학생, 오늘은 좀 늦게 왔네."

평소에 방문하던 시간이 아니었고, 아주머니 입장에서는 손님을 친근하게 대하자는 마음에서 꺼낸 이야기일 겁니다. 그런데 대학생은 다음 날부터 그 슈퍼를 방문하지 않게 됐다고 해요. 왜일까요?

'나를 알아보는 게 싫어!'

이 일화는 초등학교 앞의 무인문구점이 인기를 끄는 현상과도 관련이 있습니다. 여러분의 초등학교 저학년 시절을 떠올려보세요. 혼자 문구점에 들어갈 때면 괜히 주인 아저씨나 아주머니의 눈치를 보게 되지 않았나요? 여러분이 어떤 물건을 구경하고 만져보는지를 열심히 지켜보며 "그거 살 거야?"라고 말없이 물어오는 듯한 기분을 느꼈을 겁니다. 맘껏 구경하기 어려워 쭈뼛거리다 결국 그냥 가게를 나온 적도 많았을 거예요.

그런데 무인문구점은 어떤가요? 주인이 없으니 마음대로 구경할 수 있고, 계산대 앞까지 물건을 가져갔다가 마음을 바꿔 다시 돌려놓을 수도 있습니다. 직접 결제를 하니 어쩐지 어른이 된 듯한 기분도 들고요. 물론 주인 대신 CCTV가 있기는 하지만, 학생들의 입장에서는 훨씬 자유로운 것이 사실입니다.

종업원이 주문을 받는 것보다 키오스크를 쓰는 게 훨씬 편하다는 사람도 많습니다. "무엇을 드시겠어요?"라는 종업원의 질문을 듣는 순간 마음이 급해진다는 겁니다. 빨리 주문하라고 재촉하는 듯한 표정, 더 이상은 망설이면 안 될 것 같은 초조함, 메뉴판을 천천히 다시 보고 싶은 마음이 한데 엉키면서 생각지도 않았던 엉뚱한 메뉴를 주문하기도 합니다.

이런 경험은 누구나 있을 거예요. 최근 어려서부터 비대면에 익숙한 사람들은 종업원이 바쁜 일 없이 가만히 서 있어도 말을 걸지 않고 키오스크를 이용해 주문합니다. 키오스크의 화면을 하나씩 터치하며 다음 단계로 넘어가는 것을 게임처럼 즐기기도 하고요.

다른 사람이 나를 잠시라도 주목하는 것을 불편해하는 사람들은 마트에 가서도, 서점에 가서도 무인 계산대를 이용합니다. 내가 무엇을 샀는지, 어떤 책을 샀는지 남이 알면 큰일이라도 나는 것처럼요.

이렇게 남이 나를 모르고 나도 남을 모르고 서로 누가 누군지 모르는 **익명성의 사회**는 우리 시대의 큰 특징입니다. 익명은 한자로 '匿名'이라 쓰는데, 원래는 '이름을 숨긴다' 혹은 '가짜 이름'이라는 뜻입니다. 영어 표현인 'anonymous'는 우리말로 '이름을 알 수 없는 어떤 이' 혹은 '무명씨'를 가리킵니

우리는 모두 익명의 세계에서 살기를 원합니다. 여러분도 누가 나를 알아보는 게 싫은가요? 이름도 얼굴도 알려지길 원치 않나요?

다. 세계적으로 유명한 해커 그룹의 이름이 '어나니머스anony-mous'인 것처럼요.

과잉 연결 시대의
패러독스

이러한 '비대면 소비'의 이면에는 고도의 연결성이 숨어 있습니다. 즉, 지금의 언택트 문화는 초고속 네트워크와 빅데이터, 사물인터넷IoT 그리고 인공지능이 만들어낸 새로운 풍경입니다.

극단적으로 말하면 이제 우리는 하루는 물론이고 몇 날 며칠이라도 사람을 만나지 않고 말 한마디 섞지 않은 채로 생활할 수 있습니다. 돈(카드)과 스마트폰만 있다면요.

필요한 물건은 온라인 쇼핑몰로 주문합니다. 택배 기사님에게는 현관 앞에 놓고 가라는 요청을 남기면 그만이에요. 물건이 도착하면 '배달 완료'라는 문자가 옵니다. 택시를 타고 외출할 때도 마찬가지입니다. 앱을 통해 미리 출발지와 도착지를 설정하고 선결제까지 마칩니다. 그러니 택시 기사님도 "손님, 어디 가시나요?"를 묻지 않습니다. 내릴 때도 "얼마예요?"라고 물어볼 필요가 없죠.

해외여행을 떠난다 해도 똑같습니다. 비행기와 숙소는 모두 인터넷으로 찾아 예약합니다. 공항에 가서도 키오스크를 통해 출국 절차를 마칩니다. 환전은 기계에서 하고요. 요즘 일부 해외 호텔들은 이미 무인 서비스를 도입했습니다. 호텔 로비에 도착하면 체크인을 할 수 있는 키오스크가 마련돼 있어요. 직원의 도움 없이 방까지 바로 들어갈 수 있죠.

'잠깐만요. 이건 너무 비인간적이에요!'

비행기표 예매와 탑승 수속, 호텔 체크인까지 모두 비대면 처리가 가능한 세상. 우리가 사는 언택트 세상입니다.

맞아요. 하지만 이런 서비스와 기술들은 어쩌면 우리가 원했기 때문에 탄생한 것일지도 모릅니다. 항상 세계와 연결돼 있는, '과잉 연결' 상태에 시달리는 현대인에게 대면 접촉은 꼭 필요한 경우가 아니라면 굳이 하고 싶지 않은 피곤한 서비스가 됐습니다. 여기에 **통신 기술의 발달**과 **인터넷에 넘쳐나는 정보**들은 비대면의 불안감을 줄여주고요. 사람의 서비스를 통하지 않으니, 더 빠르고 더 저렴하다는 장점도 있습니다. 특히 사람과의 연결이 '친절'이 아니라 '방해'라고 느끼는 소비자들은 두 팔 벌려 언택트를 반기는 입장이죠.

언택트 세상에서
살아가기

2018년, 처음 '언택트'라는 키워드가 소개됐을 때만 해도 요즘 흔히 볼 수 있는 무인상점이나 키오스크 등은 막 시작하는 단계였습니다. 맥도날드의 경우 미국 전체 매장의 절반 정도에만 키오스크가 설치된 정도였어요. 우리나라에서는 시범적으로 몇 군데 매장에 설치했지만 고객들의 반응이 그다지 좋지 않았습니다.

스마트폰에 익숙한 사람들은 화면을 터치해서 주문하는 것을 별로 어렵지 않게 여겼으나, 디지털에 익숙하지 않은 사람들은 매우 불편해했으며 때로는 절망감을 토로했습니다. 결국 주문을 하지 못한 채 울분을 토하며 직원을 찾거나, 주문 자체를 포기하고 돌아서는 경우도 있었습니다. 특히 노인 분들의 경우가 그랬어요.

하지만 지금은 아무리 조그만 동네 카페나 음식점을 가더라도 키오스크를 쉽게 만날 수 있습니다. 테이블에 설치된 패드를 통해 주문부터 결제까지 한 번에 해결하는 일에도 모두 익숙해졌고요. 마트에서도 마찬가지예요. 무인 계산대를 이용해 자기가 고른 물건들을 스스로 계산하고 나옵니다. 어르신들도 이제는 키오스크를 받아들였습니다. 사회의 거대한 흐름이기 때문입니다.

로보어드바이저
Robo-advisor

이용자의 투자 성향과 재산 등을 두루 검토해서 최적의 금융 상품을 추천해주는 AI 금융 컨설턴트예요. 똑똑한 알고리즘을 통해 마치 사람처럼 고객을 돕는 '로봇 자산관리사'랍니다.

쇼핑뿐 아니라, 가장 보수적이고 엄격한 금융권에서도 언택트 문화는 일상이 됐습니다. 요즘 고객들은 ATM 기기를 쓰거나 인터넷뱅킹으로 업무를 처리합니다. 어떤 금융 상품에 가입해야 할지 잘 모를 때는 AI 컨설턴트인 **로보어드바이저**에게 물어볼 수도 있습니다. 창구 직원과 직접 만나서 오랜 상담을 통해 금융 상품에 가입하는 것보다 훨씬 손쉽고 빠르죠.

예전에는 통장을 개설하려면 꼭 은행에 가야 했지만, 요즘은 그것도 온라인으로 할 수 있게 됐습니다. 개인정보를 다루는 보안 기술이 빠르게 발달했거든요. 이 때문에 요즘 MZ세대는 은행 문턱을 한번도 넘어보지 않은 세대, 은행 내부가 어떻게 생겼는지 모르는 세대, 살면서 한번도 은행이라는 곳에 가볼 일이 없는 세대라는 말을 듣기도 합니다.

언택트 문화가 자리 잡으며 은행들은 하나둘 지점을 줄이

대부분의 금융 서비스가 비대면화되면서, IT기술에 익숙하지 않은 사람들에게는 매우 불편한 세상이 됐습니다. 한편 은행이라는 곳을 한 번도 방문해보지 않은 사람도 많아졌어요.

고 있습니다. 인터넷뱅킹에 익숙한 사람들에게는 아무런 문제가 되지 않겠지만, 돈을 저금하고 찾고 공과금을 내기 위해 은행에 방문하는 어르신들에게는 난감한 문제입니다. 하지만 지점 하나를 운영하기 위해 들어가는 비용을 생각하면 은행 입장에서도 난감하기는 마찬가지입니다.

사실 오늘날 금융 서비스는 살아가는 데 필수적인 영역이라, 모든 것을 언택트로 돌릴 경우 소외되는 사람들이 생길 수밖에 없습니다. 단순한 불편을 넘어서 큰 불이익을 당하게 된다는 의미입니다. 이런 이유로 금융권의 언택트 도입에 대한 사회적 합의가 필요하다는 목소리가 나오고 있습니다.

'언택트'도
결국 사람을 위한 것

소비자가 체감하는 언택트 기술의 핵심은 인공지능도 네트워크도 빅데이터도 아닙니다. '얼마나 사용하기 편한가'입니다.

이를 기술적 용어로는 **인터페이스**interface라고 부릅니다. 기술과 인간 사이를 잇기 위한 접촉면을 뜻하죠. 이 인터페이스가 얼마나 쉽고 직관적인지에 따라 사용자의 활용 정도는 천차만별로 달라집니다. 특히 언택트 기술을 낯설어하는 시니어 소비자들의 거부감과 불편을 줄이기 위해서는 쉬운 인터페이스가 반드시 필요합니다. 예컨대 햄버거 하나를 사기 위해 키오스크 화면을 20번 이상 터치해야 한다면 그건 결코 '쉬운 인터페이스'라고 할 수 없습니다.

앞서 말했던 챗봇 서비스도 콜센터의 업무를 줄여주는 서비스로 각광받고 있습니다. 하염없이 기다려야 하는 상담원보다 즉각적인 소통이 가능한 챗봇을 사용하는 고객들이 늘어나고 있죠. 하지만 "상담원과의 통화를 원하시면 0번을 눌러주세요"라는 안내가 나올 때까지 기다리다가 0번을 누르는 사람도 아직 많습니다. 상담원과 이야기를 나누려면 오래 기다려야 하지만, 그런 수고를 전혀 마다하지 않는 겁니다. 사람과 직접 통화해서 문제를 설명하고 해결책을 얻는 것이 가장 확실하면서 마음이 놓이는 방법이기 때문입니다.

이렇듯 앞으로도 고객과 직접 통화하는 상담 직원, 고급 식당의 웨이터, 자산이 많은 사람들과 금융 문제를 의논하는 '프라이빗 컨설턴트' 등의 프리미엄 서비스에서는 여전히 사람의 역할이 중요하게 작용할 겁니다. 이용 가격이 높아진다고 해도 계속 사람의 서비스를 고집하는 고객들도 있을 테고요.

언택트 세상에서는 노인을 비롯한 **디지털 소외자**들이 힘들게 살아갈 수밖에 없습니다. 또 기술이 워낙 빠르게 성장하기 때문에, 기존의 서비스를 익숙하게 이용하던 사람들도 더 발전된 첨단 기술이

디지털 소외자

빠르게 발전하는 디지털 기술을 따라잡지 못하는 사람들을 의미해요. 보통은 스마트폰, 키오스크, 전자상거래 서비스에 익숙하지 않은 노인들이 여기에 속하죠. 하지만 오늘날의 기술발전은 엄청나게 빠르기 때문에, 젊은 세대라고 해서 디지털 소외자가 되지 않으리란 법도 없습니다.

등장하면 당황하게 됩니다. 모든 기술에 익숙해질 수는 없기 때문이죠. 언택트 세상을 현명하게 살아가기 위해서는 소비자들의 학습도 중요하겠지만, 언제 콘택트contact, 즉 연결을 제공하고 또 언제 언택트를 제공할지를 판단하는 기업의 역할도 중요할 겁니다.

이 모든 기술은 결국 사람을 위하는 것이 목적이기 때문입니다.

★ **여러분에게 가장 익숙한 언택트 기술은 무엇인가요?**

- 키오스크, 혹은 무인점포? 여러분의 일상생활에 자리 잡은 언택트
  기술에 대해 설명해봅시다.

★ **여러분은 사람을 만나지 않고 얼마나 오랫동안 생활할 수 있나요?**

- '완전 비대면'으로 살아가는 것도 가능한 요즘 시대! 여러분은 언택트
  상태를 얼마나 오래 지속할 수 있을까요?

★ **앞으로의 언택트는 어떻게 진화할까요?**

- 2018년에 상상하던 언택트의 모습은 오늘날 현실이 됐습니다.
  여러분이 상상하는 미래는 어떤 모습인가요?

★ 혼자 은행에 방문해본 적이 있나요?

- MZ세대는 '은행 문턱을 넘어본 적 없는 세대'라는 말을 듣기도 합니다.
여러분은 어떤가요? 은행에 가본 적이 있나요?

★ **아무도 소외되지 않는 언택트 문화를 만들려면 어떻게 해야 할까요?**

- 요즘은 디지털 소외자들을 위한 '키오스크 교육' 등도 인기입니다.
이처럼 낙오되는 사람 없이 언택트 기술을 확대하려면 어떤 방안이
필요할까요?

6

워라밸

워라밸이 뭐냐면요⋯⋯
"회사만큼 내 생활도 중요해!"

'워라밸 세대'의
탄생

＊ 나는 조직 전체보다 개인이 더 중요하다고 생각한다.

＊ 나는 연봉은 높지 않아도 야근이 적은 회사가 가장 이상적인
회사라고 생각한다.

＊ 나는 직장 업무 외에 나만의 취미를 즐기고 싶다. 나에게 퇴
근 후는 내일을 위한 휴식 시간이 아닌, '오늘의 행복을 찾는
시간'이다.

위의 글을 한번 살펴보세요. 뭔가 특별하다거나 이상하다
고 느껴지지 않나요? 아니면 어디가 특별하다는 건지 잘 모르
겠나요? 어쩌면 '왜 당연한 이야기를 하는 거지?'라고 생각할
수도 있을 것 같아요.

맞습니다. **누구나 조직보다는 개인, 직장에서의 성취보다는 나의 취미 생활, 야근보다는 개인 생활을 더 중요하게 생각합니다.** 회사를 위해 개인적인 희생을 감수한다는 건 말도 안 되는 이야기죠. 그런데! 앞의 글을 읽고 조금 특별하게, 혹은 불편하게 생각하는 것이 당연하던 시절이 있었습니다. 10년 전도, 20년 전도 아니에요. 바로 2018년의 일입니다.

"그렇다면 지금으로부터…… 얼마 안 됐잖아?"

2010년대 초반까지만 해도 대한민국 직장인의 생활은 지금과 상당히 달랐습니다. 회사 일이라면 개인적인 약속들을 모두 뒤로하고 달려갔고, 야근은 일상이었습니다. 퇴근 후에도 상사와 함께 업무적인 연락을 나누며 시간을 보냈고요.

본격적으로 직장 문화가 바뀐 것은 90년대생이 자라 취업 전선에 뛰어든 후였습니다. 이른바 Y세대, 혹은 **밀레니얼 세대**라고 불리는 당시의 신세대들이었죠. 그들은 처음 회사에 들어가자마자 깜짝 놀랐습니다. 회사의 모든 것이 그들이 살아왔던 방식과는 너무나 달랐기 때문입니다. 그들은 생각했습니다.

 일과 삶의 적절한 균형은 선택이 아닌 필수! 하지만 이러한 '워라밸' 문화가 당연한 생활 양식으로 자리 잡은 지는 10년도 채 되지 않습니다.

'이건 좀 아닌 것 같아.'

그리고 기존의 방식에 반기를 들기 시작했습니다.

《트렌드 코리아 2018》은 1988~1994년에 태어나 직장을 다니기 시작하면서 새로운 직장 문화를 선도한 이들을 일컬어 **워라밸 세대**라고 이름 지었습니다. 지금으로 따지면 1993~1999년생에 해당하는 나이죠. 요즘은 대한민국에서 '워라밸'을 모르면 간첩이라는 소리를 들을 정도지만, 2018년만 해도 이 말은 상당히 생소한 용어였다는 사실! 신기하지 않나요?

본격적인 이야기에 앞서, '워라밸'의 정확한 정의부터 함께 알아볼까요? 오늘날 우리가 신조어처럼 쓰는 워라밸은 일과 삶의 균형을 뜻하는 영어 표현 **'워크-라이프 밸런스**Work-Life Balance**'**의 앞글자를 따서 줄인 말입니다. 이 말은 1970년대 말 영국에서 처음으로 등장했고, 미국에서는 1986년부터 사용됐다고 해요. 경제가 발전하고 취업 인구가 늘어나면서 직장으로부터 스트레스를 받게 된 당시의 회사원들은 일과 개인 생활 간의 균형을 추구하게 됐습니다. 직원들 개개인이 행복을 찾고 삶의 질을 높임으로써 의욕적으로 업무에 임할 수 있으니, 회사 입장에서도 마다할 이유가 없는 윈-윈win-win 전략이었죠.

이렇게 서양에서는 50년이 넘게 사용됐던 '워라밸'이 최근에야 우리나라에서 주목을 받게 된 이유는 뭘까요?

회사가 전부는
아니잖아요!

여러분도 한 번쯤 이런 말을 들어봤을 거예요.

"월, 화, 수, 목, 금금금!"

늘 야근에 시달리는 데다 주말에도 일에서 벗어나지 못하는 대한민국 직장인들의 애환을 나타낸 말입니다. 실제로 몇 년 전만 해도 이런 모습은 당연한 일상이었어요. 밥 먹듯 야근을 하고, 주말에도 바쁘게 지내는 것이 일종의 성공이라 여겨지던 때였습니다.

경제가 고속 성장하던 70년대, 80년대만 해도 우리나라 직장인들은 밤늦게 퇴근한 후 집에서 잠만 자고 아침 일찍 나오는 생활을 매일 반복했습니다. 그 바람에 '아이들이 아빠 얼굴도 모른다'라는 우스갯소리가 생길 정도였어요. 드라마나 영화에서도 아빠들은 회식 때문에 밤늦게 술에 취해 들어오거나, 일요일마다 거실 소파에 누워 밀린 잠을 자거나, 어쩌다 한 번씩 놀이공원에 아이들 손을 잡고 가서 사진을 찍는 모습으로 그려졌습니다.

단지 야근이 많고 근무시간이 긴 게 전부가 아니었습니다. "출근할 때는 간과 쓸개를 집에 두고 오라"라는 말이 있었을 정도로 삶의 모든 측면에서 직장이 1순위가 돼야 했어요. 지금은 도저히 용인될 수 없는 부당한 일들도 회사에서 하라니까 그저 꾹 참고 해내야 했습니다. 그러는 동안 스트레스만 쌓여갔죠. 2010년 이후로 2020년까지, 심지어 꽤 최근까지 우리나라는 **OECD** 회원국들 가운데 근로시간이 가장 많은 나라의 최상위권에 속해있었습니다.

변화가 생긴 건 1988년 이후에 태어난 Y세대와 밀레니얼 세대(소위 M세대. MZ세대의 한 축을 담당하는 그룹이기도 해요)가 어른이 되어 회사에 취업한 때였습니다.

사실 1988년은 최초의 서울올림픽이 개최된 해로, 우리나라의 경제성장은 물론 문화적으로도 일종의 분기점이 된 매우 의미 있는 시기입니다. 대가족에서 핵가족으로 변하며 가족 구성원이 적

OECD

1961년에 문을 연, 글로벌 '경제협력개발기구'예요. 현재 우리나라를 포함해 전 세계 38개국이 속한 상태랍니다. 경제 문제뿐 아니라 사회 문제나 환경 문제도 폭넓게 연구하며 다루고 있습니다. OCED가 발표하는 통계로는 '환경지표', '출산율', '삶의 질 지수' 등이 있어요.

대한민국의 평균 근로시간 변화
(OECD 주요국 대상 통계)

2016년

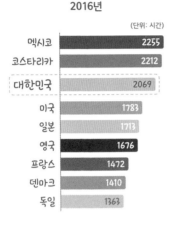

(단위: 시간)

멕시코	2255
코스타리카	2212
대한민국	2069
미국	1783
일본	1713
영국	1676
프랑스	1472
덴마크	1410
독일	1363

2018~2022년

(단위: 시간)

콜롬비아	2405.4
멕시코	2226.3
코스타리카	2149
칠레	1962.8
대한민국	1901
미국	1810.9
일본	1607
노르웨이	1424.6
덴마크	1371.6
독일	1340.9

조사: OECD

워라밸 세대의 등장은 우리나라의 근로시간에 큰 변화를 불러왔어요. 워라밸 문화는 지금도 발전을 거듭하며 MZ세대 직장인들의 '메가 트렌드'로 자리 잡았답니다.

어졌고, 자녀수도 하나 혹은 둘로 줄어들면서 워라밸 세대는 경제적으로 풍요로운 환경에서 자랄 수 있었습니다. 부모들의 적극적인 지원 속에서 자존심과 자신감도 무럭무럭 키워 갔고요. 이전 세대와 달리 해외 연수 및 유학 기회도 비교적 많았기에 글로벌한 감각과 열린 마인드를 갖추게 됐습니다.

자신의 의견을 자연스럽게 표현할 줄 알았고, 뭔가 '공정하지 않다'라고 생각되면 이를 바로잡을 것을 요구하는 당당한 **페어플레이어** 세대였습니다.

이런 세대가 직장에 처음 입사했을 때, 그들을 맞이한 것은 다음과 같은 직장 문화였습니다.

* 6시가 퇴근 시간인데, 상사의 눈치를 보며 아무도 퇴근을 하지 않는다.
* 금요일 퇴근 시간이 가까워진 순간, 상사가 월요일 오전까지 해야 하는 업무를 지시한다.
* 야근을 해도 야근 수당이 나오지 않는다.
* 오후 4시가 넘어 갑자기 그날 저녁 회식을 발표한다.
* 저녁 회식 때 술을 권하고, 2차로 노래방까지 가자고 한다.
* 팀장이 일요일에 등산을 가자며 팀원들 모두 오전 10시까지 북한산 입구로 모이라고 한다.

워라밸 세대는 생각했죠.

'이게 말이 돼? 그럼 내 삶은 어디 있는 거야? 회사가 전부는 아니잖아!'

일과 삶에 대한
새로운 가치관

오늘날 워라밸 세대가 생각하는 좋은 직장의 기준은 회사의
규모와 연봉, 업계에서의 권위 등이 아닙니다. '스스로 얼마나
행복하게 일할 수 있는 곳인가'가 좋은 직장의 새로운 기준으
로 떠올랐습니다. 기성세대 대부분이 개인적으로 하고 싶은
일을 억누른 채 회사 일에 집중하며 살아왔다면, 젊은 세대가
원하는 것은 바로 **저녁이 있는 삶**입니다.

과거 세대는 승진에 목을 맸지만 워라밸 세대는 승진도 크
게 반기지 않습니다. 연봉이 오른다고 해도, 업무량과 책임이
함께 늘어나며 개인의 삶을 희생해야 하는 경우가 생기거든
요. 그래서 팀원의 자리에서 팀장으로 진급하면 승진에 기뻐
하는 대신 사직서를 제출하는 사람들도 있습니다.

'적당히 벌고 편하게 살기'를 희망하는 워라밸 세대에게 일
과 여가 활동의 균형을 유지하는 것만큼 중요한 일은 없습니
다. 이들은 업무를 완벽하게 끝마친 후 취미를 즐기지 않습니
다. 대신 취미 생활을 즐기기 위해 업무를 얼른 해치웁니다.
정시 퇴근과 저녁이 있는 삶은 워라밸 세대에게 선택이 아니

라 필수적으로 사수해야 할 가치입니다. 회사의 과중한 업무와 과도한 스트레스는 '꼭 참고 견뎌야 하는 임무'가 아니라 '벗어나야 하는 과제' 같은 것이 됐습니다.

회식도 퇴근 이후나 점심시간이 아니라 업무 시간 내에 해야 한다고 외치는 워라밸 세대는 점심시간을 혼자만의 힐링 타임으로 채우길 원합니다. 부장님, 과장님과 동행하는 회식 같은 점심은 사절이에요. 그래서 요즘은 카페나 식당에서 혼밥을 하는 젊은 직장인들을 흔하게 볼 수 있습니다.

칼퇴도 너무나 당연한 것이 됐습니다. 그럼에도 눈치를 주는 상사가 있을 수 있기에, 일부 기업들은 오후 6시가 되자마자 컴퓨터 전원을 모두 꺼버리는 강한 규칙을 세우기도 합니다. 퇴근 후에 업무적인 용건으로 연락하는 것도 이제 법으로 금지할 정도입니다. 직원의 개인 생활이 반드시 지켜져야 한다는 생각이 강해진 거예요. 여기에 **주 52시간 근무제**가 공식 도입되면서, 대한민국 직장인의 저녁 시간은 극적으로 달라졌습니다.

주 52시간 근무제

일주일에 기본 40시간, 연장근무 시 최대 52시간까지만 일할 수 있도록 정해둔 법이에요. 요즘 근로자들은 (자발적으로든, 비자발적으로든) 일주일에 52시간 이상 근무할 수 없게 됐답니다.

퇴사와 이직이
자유로운 세대

"저 오늘 그만둡니다."

유튜브를 비롯한 각종 SNS에는 '퇴사 브이로그'가 종종 업로드됩니다. 사직서를 내고 퇴사하는 모습을 영상으로 찍어 올리는 것이죠. 이런 브이로그에는 보통 "잘했어요!"나 "축하해", "부럽다" 등의 응원 댓글이 달립니다. 얼핏 퇴사인지 입사인지 가늠이 되지 않을 정도로 즐거운 분위기입니다. 그만큼, 요즘 세대에게 '퇴사'는 가벼운 결정일까요?

요즘 젊은 직장인들의 퇴사율이 높은 것은 사실입니다. 한국경영자총협회의 '2016년 신입사원 채용실태 조사'에 따르면 대학을 졸업한 신입사원의 1년 내 퇴사율은 27.7%에 달한다고 해요. 그렇게나 힘들게 들어간 회사를 1년도 안 되어 그만두다니, 무슨 일일까요?

기성세대와 달리 워라밸 세대는 회사를 자기 목적의 실현을 위한 수단으로 생각합니다. 이들은 회사에서 성공을 일구고 승진하는 것보다 자신만의 시간을 가지며 자아를 실현하는

 퇴사가 불명예처럼 여겨지던 시대는 완전히 끝났습니다. 워라밸 세대에게 퇴사는 인생의 다음 단계를 밟고, 스스로의 삶을 점검하기 위한 발판이거든요.

삶을 더 중요하게 여깁니다. 만약 입사한 회사가 자신의 가치관과 다른 문화로 운영되거나, 함께 일하는 동료들이 마음에 들지 않으면 거침없이 사표를 쓰고 다른 직장을 알아보죠.

중요한 것은 이들이 그냥 '홧김에' 퇴사를 하는 건 아니라는 점입니다. 워라밸 세대는 높은 연봉보다도 개인적인 삶을 보장하고 자신의 커리어를 키워주는 회사를 이상적인 회사라고 생각합니다. 자기계발과 학습에 익숙한 워라밸 세대는 미래를 위한 자기 관리에 철저하기 때문에, 이직을 두려워하지 않는 경향이 있어요. 요즘 20대나 30대 직장인들은 5년이 넘도록 한 회사에 다니는 경우가 거의 없습니다. "한 회사에 뼈를 묻는다!"라는 과거의 사고방식은 이들에게 거의 구석기시대의 발상과 다름없습니다. '평생 직장' 시대가 막을 내린 겁니다.

퇴사와 이직은 이제 젊은 직장인들에게 너무나 자연스럽고 흔한 일이 됐습니다. 이런 변화에는 물론 사회적 배경이 자리하고 있습니다. 예전에는 회사를 그만두면 당장 먹고살 길이 막막했어요. 하지만 지금은 고용보험이라는 제도 덕분에 퇴사 후에도 일정한 금액의 실업급여를 받아 생활을 유지할 수 있습니다. 게다가 사람인, 잡코리아, 링크드인 등의 취업 플랫폼이 발달하면서 자신이 원하는 새 직장을 알아보고 지원하는 일이 예전에 비해 훨씬 쉬워졌습니다.

또, 프리랜서나 단기 계약직으로 일하는 것을 더 선호하는 이들도 많아지는 추세입니다. 이들을 **긱 워커**라고 부르기도 하죠. 이들은 한 직장에 오랫동안 근무하며 일하기보다는 여러 군데를 옮겨 다니면서 자유

긱 워커
Gig worker

같은 곳으로 꾸준히 출근해야 하는 정규직이 아니라, 아주 짧은 기간의 노동 계약만을 맺고 일하는 사람들을 뜻해요. 이들은 이 직장에서 저 직장으로 자유롭게 옮겨다니며 주도적인 업무 생활을 꾸려갑니다.

롭게 자기 시간을 조정할 수 있는 삶의 방식을 택합니다.

《직장이 없는 시대가 온다》라는 책에는 앞으로 10년 이내에 세계 인구의 절반이 프리랜서로 살아갈 것이라는 전망이 나옵니다. 그러니까 앞으로는 누군가를 만났을 때 "직장이 어디세요?"라고 묻는 대신, "어떤 일을 하세요?"라고 물어야 한다는 겁니다.

'워라밸'의
두 얼굴

개인보다는 조직을 우선시하는 문화를 통해 대한민국의 고속 성장이 이뤄졌다고 생각하는 기성세대에게, 워라밸 세대의 등장은 다소 불편하기도 합니다. 이들은 워라밸 세대를 자신만 아는 이기주의자, 혹은 예의를 차리지 않고 조금만 힘들면 바로 퇴사해버리는 미성숙한 직장인으로 바라봅니다. "갈수록 사내 개인주의가 늘어나고 있다"라며 못마땅한 속내를 털어놓기도 합니다.

조직에 대한 몰입도와 충성심이 높은 기성세대의 눈에 워라벨 세대는 쉽게 좌절하는 나약한 세대로 보입니다. 실제로 한 취업 사이트에서 진행된 설문 조사에서, 기업의 인사담당자들이 꼽은 새내기 회사원들의 강점은 외국어와 글로벌 감각(36.4%), 창의성(28.8%), 인터넷 능력(9%) 등의 신세대적 역량이었던 반면 아쉬운 점으로는 성실성과 끈기(57.9%), 충성심(14.2%)이 높은 수치를 기록했습니다.

워라밸 자체는 건강한 문화지만, 현실적으로 젊은 세대가 원하는 적절한 임금과 복지를 보장받으면서 문화적 욕구와 즐거움까지 모두 누릴 수 있는 직장은 매우 적습니다. '일단 취업부터 하고 보자!'라는 생각에 무작정 취직을 택한 경우라면 현실과 이상 간의 괴리감에 더욱 힘들어하게 되겠죠. 이들 중 대부분은 힘겨운 적응보다는 퇴사를 선택합니다.

워라밸 트렌드에 따른 '부업' 문화의 발전도 눈여겨볼 만합니다. 최근 퇴근 후 늘어난 저녁 시간에 부업을 하는 직장인들이 늘기 시작했어요. **투잡** 혹은 **쓰리잡**, **사이드잡**이라는 용어도 생겨났고요. 요즘은 온라인에 접속하는 것만으로도 재능을 기부하거나 거래하는 플랫폼을 쉽게 찾을 수 있기 때문에 부업을 구하기에는 더없이 적정한 환경이 됐습니다. 워라밸 세대는 퇴근 후 번역을 하거나, 그림을 그려 굿즈를 판매하거나, 코딩 혹은 문서 작업을 해주며 수입을 얻는 대표적인 세대입니다. 때로는 월급보다 사이드잡으로 더 많은 수익을 올리는 사람들도 볼 수 있어요. 회사 입장에서는 인재의 능력이 회사 밖으로 빠져나가는 셈이니 달갑지 않겠지만, 이를 규제할 수 있는 수단이 마땅치 않은 것이 사실입니다.

한편 주 52시간 근무제가 법으로 정해지며 "더 일하고 싶어도 일할 수 없다", "수입이 줄어들어 곤란하다"라고 호소하는 직장인들도 나타났어요. 이들은 보통 또 다른 부업 전선으로 뛰어듭니다. 주로 생산 현장에서 일하는 노동자들의 경우가 그렇습니다. 평소 잔업이나 주말 특근으로 월급 외의 수입을 받았던 사람들은 주 52시간을 넘게 일해선 안 된다는 법 때문에 어쩔 수 없이 또 다른 일거리를 찾을 수밖에 없게 됐어요. 이를 **생계형 투잡**이라고 부릅니다. 가령 생산 현장에서 퇴근한 후에 재차 대리운전 기사로 일한다거나 배달 아르바이트를 하는 식이죠.

'6시 칼퇴'를 반가워하지 않는 직장인도 있다고 합니다. 야근 수당 때문은 아니에요. 오후 6시 안에 끝낼 수 없는 일을 맡은 경우가 대부분입니다. 일은 아직 산더미인데, 6시가 됐으니 무조건 회사를 나와야 하죠. 이런 사람들은 집이나 카페에 가서 마저 업무를 처리한다고 합니다. 당연히 생산성은 회사에서 일하는 것에 비해 떨어질 수밖에 없습니다. 근무시간이 줄어들면 업무도 그에 맞춰 줄어들어야 하는데, 일의 총량은 줄어들지 않고 일하는 시간만 줄어들어 생겨나는 부작용이 큰 상황입니다.

이처럼 아무리 좋은 취지로 만든 제도라 할지라도 누군가는 불이익을 당하거나 그 혜택에서 소외될 가능성이 있습니다. 이러한 피해를 줄이기 위해서는 기업이나 정부가 근로 현장을 더 꼼꼼하게 살펴 더 탄력적이고 유연한 근로 정책을 펼쳐야 합니다.

워라밸 vs. 워라블

다소 부작용이 있다고는 하지만, 현재 **워라밸**은 대한민국 직장인에게 가장 중요한 키워드가 됐습니다. 예전에는 취직하고 싶은 회사를 찾아볼 때 연봉이나 복지 제도, 성장 가능성 등을 염두에 두었다면 지금은 '워라밸이 잘 지켜지는 곳인지'를 무엇보다 먼저 살핀다고 합니다. 취업 정보 사이트마다 "그 회사, 워라밸은 어떤가요?"라는 질문 게시글이 연봉에 대한 질문만큼이나 많이 올라오는 것도 이 때문이고요.

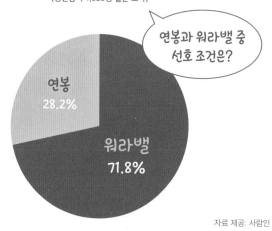

요즘 직장인은 연봉보다 워라밸!

(성인남녀 1,828명 설문 조사)

연봉과 워라밸 중
선호 조건은?

연봉
28.2%

워라밸
71.8%

자료 제공: 사람인

최근에는 **워라블**이라는 말도 생겨났어요. 이는 '워크-라이프 블렌드Work-Life Blend'의 약자로, 일과 삶을 적절히 융합하는 것을 의미합니다. 사실 일과 삶을 딱 잘라 구분하는 건 거의 불가능하거든요. 퇴근을 한다고 해서 직장에서의 일을 전부 잊어버리고 완전히 새로운 삶을 시작하게 되지는 않습니다. 어차피 내일 아침이면 다시 직장에 가야 하기 때문입니다. 하지만 현재 하는 일과 다니는 직장이 자신의 적성에 맞는다면 일과 삶을 적절히 융합해서 엄청난 시너지를 낼 수 있습니다. 예컨대 **덕업일치**의 경우가 그렇죠.

일이 곧 삶이고 삶이 곧 일인 사람들은 일에서 자신의 정체

성을 얻고, 존재의 이유를 찾기도 합니다. 이들에게는 퇴근 후의 삶이 별도로 있는 게 아닙니다. 패션 디자이너라면 퇴근 후 지하철을 타서도 사람들의 옷차림을 유심히 관찰할 거예요. 책을 만드는 기획자라면 주말마다 서점에 방문하는 게 취미가 될 테고요. 현직 의사들이 자신의 전공을 살려 일반인들에게 의학 정보를 알려주는 유튜브 크리에이터가 되기도 합니다. 일을 하며 행복을 찾는 게 가능하다면 그보다 더 좋은 것이 있을까요?

워라벨과 워라블, 여러분의 선택은 무엇인가요?

덕업일치

'덕질' 등의 취미가 '직업'과 일치하는 현상을 말해요. 어릴 때부터 클래식 감상을 취미로 삼아온 사람이 피아노 연주자가 됐을 때나, 아이돌을 좋아하는 사람이 엔터테인먼트 업계에 취직했을 때 우리는 "덕업일치를 이뤘다!"라고 표현합니다.

★ 여러분이 생각하는 '좋은 회사'의 기준은 무엇인가요?

- 높은 연봉, 혹은 직원 하나하나를 세심히 살피는 복지?
  어쩌면 워라밸일 수도 있겠죠!

★ 여러분이 자주 만나는 '직장인'은 어떤 모습인가요?

- 부모님이나 형제, 친척들의 모습을 생각해봅시다. 워라밸의 시대,
  여러분과 가까운 직장인은 워라밸을 잘 지키고 있나요?

★ 직장이 없는 시대, 괜찮을까요?

- '긱 워커'는 고정적인 직장을 가지는 대신 다양하고 자유로운 일터를
  오가며 단기적으로만 일하는 사람들입니다. 이러한 긱 워커들의 모습이
  여러분에게는 어떻게 다가오나요?

★ 미래 세대는 회사에서 무엇을 이루게 될까요?

- 1988~1994년생으로 구성된 '워라밸 세대'가 일궈둔 터전에, 앞으로는
  여러분이 입성하게 될 거예요. 여러분의 미래 모습을 한번 상상해봅시다.
  여러분은 회사에서 얼마나 일하고, 또 무엇을 이루는 사람이 될까요?

★ 워라밸과 워라블 중 어느 것이 더 효율적일까요?

- 비단 일의 효율만을 말하는 게 아닙니다. 회사에 다니면서 더
  효율적으로 성장하고 행복해지려면, 어떤 태도를 취해야 좋을까요?

7

소확행

작지만 확실한 행복
"소확행 할래요"

행복하지 않은
대한민국

여러분은 지금 행복한가요, 행복하지 않은가요? 혹시 불행한가요?

이런 질문에 쉽게 '네' 혹은 '아니오'라고 대답하기는 어렵습니다.

누군가 **"너 행복하니?"** 라고 갑자기 묻는다면, "어, 글쎄?"라고 대답할 사람이 더 많을 겁니다. 그리고는 천천히 생각해보겠죠.

'나는 행복한가?'

그런 것 같기도 하고 아닌 것 같기도 합니다. 행복이란 상당히 주관적인 경험이자 감정이기 때문입니다. 또 매우 상대적이기도 하고요. 배고픈 사람이라면 배부른 것을 행복이라 여길 테고, 몸이 아픈 사람이라면 건강한 상태를 행복이라고 여기겠죠. 수학 점수가 나오지 않는 학생이라면 수학 과목에서 100점을 받아보는 걸 행복이라 생각할 겁니다. '원하는 대학, 원하는 직장에 들어가면 나도 행복해질 텐데!'라고 생각하는 사람도 있을 거예요. 지금 솔로인 사람이라면 사랑하는 짝을 만나기를 기대할 겁니다.

이렇듯 행복에는 흔히 "~하다면", "~라면"이라는 조건이 붙기 마련입니다.

게다가 텔레비전 뉴스들은 계속 우리가 행복하지 않다고 말합니다. 여러분도 이런 제목의 기사를 많이 봤을 거예요.

"대한민국 행복지수, 주요국 가운데 최하위!"

정확히 말하면, 대한민국은 UN 산하의 단체인 SDSN(지속가능발전해법네트워크)이 발표한 '2022 세계행복보고서'에서 146개국 가운데 59위를 차지했습니다. 그러니까 최하위는 아닌 셈이죠.

하지만 우리나라와 경제 규모 및 선진도가 비슷한 OECD

2022년 146개국 행복지수 순위

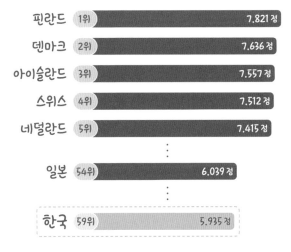

핀란드	1위	7.821점
덴마크	2위	7.636점
아이슬란드	3위	7.557점
스위스	4위	7.512점
네덜란드	5위	7.415점
일본	54위	6.039점
한국	59위	5.935점

자료: 지속가능발전해법네트워크SDSN

우리나라의 행복지수,
이렇게까지 낮을 일인가요? 도대체 왜?

국가들 내에서는 37개국 가운데 35위였습니다. 우리보다 행복지수가 낮은 곳은 그리스와 터키 두 나라뿐이었다고 해요. 꼴찌에서 세 번째였으니, 최하위라 부르기에도 손색이 없습니다. 참고로 146개국 중 1위를 한 나라는 핀란드였고, 그 다음으로는 덴마크와 아이슬란드 등 주로 북유럽 국가들의 행복도가 높게 측정됐습니다. 10점 만점을 기준으로 1위인 핀란드는 7.821점을 받았는데, 우리는 5.935점에 불과했어요.

옆 나라인 일본은 우리보다 약간 높은 6.039점을 받아 54위에 머물렀습니다. 이건 꼭 2022년에만 해당되는 것이 아니라 2018년부터 해마다 발표되는 바에 따르면 늘 하위권에 머물러 있었어요.

이러한 행복지수를 계산하기 위해 SDSN은 경제 소득과 사회복지, 환경, 자유도, 건강, 기대 수명 등의 항목들을 종합적으로 살펴본다고 합니다. 사실 이 부분에서 우리나라는 비교적 좋은 평가를 받았어요. 하지만 또 다른 항목인 **사회적 지지**와 **관용**에서는 다소 낮은 점수를 받았다는데요. 이건 무슨 말일까요?

'사회적 지지'란 상호 협력을 의미합니다. 서로가 서로를 돕는 정신이죠. 내가 힘들고 위험할 때 의지하며 기댈 수 있는 사람 혹은 관계가 얼마나 넓은지에 대한 것이기도 합니다. 이건 단지 의료보험이나 사회복지와 같은 정부의 제도적 도움을 뜻하는 게 아니에요. 어려울 때 선뜻 손을 내밀 수 있는 가족이나 친지 혹은 이웃이 존재하는지를 말하는 것이죠. 이 부분에서 우리나라 사람들은 매우 약하다고 합니다.

또한 '관용'은 이질적인 것, 나와 다른 것을 인정하고 너그럽게 받아들이는 태도를 뜻합니다. 외국인에 대한 관용, 장애인에 대한 관용, 성소수자에 대한 관용 등이 여기에 해당됩니다. 이런 면에 있어서 우리나라는 아직 선진국 수준에 도달하지 못했다는 뜻이기도 해요.

'이렇게 행복지수가 낮다니. 어떡해?'

그러던 대한민국에, 언젠가부터 '소확행'이라는 행복의 산들바람이 불어오기 시작했습니다.

행복은
거창한 게 아니야

소확행. 작지만 확실한 행복이라니, 듣기만 해도 왠지 기분이 좋아지지 않나요?

한때 우리는 행복을 뭔가 거창한 것, 무언가를 해내야만 얻을 수 있는 것, 때로는 운 좋은 사람들의 전유물인 것처럼 생각하곤 했습니다. 그런데 어느날, "사실 행복은 우리 일상에 숨어있어!"라고 말하는 사람이 나타난 겁니다. 마치 행복을 주는 파랑새가 멀리 있는 게 아니라는 걸 알려주듯이 말이죠.

한국에도 널리 알려진 일본의 소설가 무라카미 하루키는 1990년대에 펴낸 수필집 《랑겔한스섬의 오후》라는 책에서 처음 '소확행'이란 말을 썼습니다. 이후로도 '소확행'은 하루키의 글에 여러 번 등장했는데요. 그가 말하는 소확행이란 예를 들어 이런 겁니다.

* 갓 구워낸 빵을 손으로 찢어서 먹는 것,

* 서랍 안에 반듯하게 접어 돌돌 말은 속옷이 잔뜩 쌓여있는 것,

* 새로 산 정결한 면 냄새가 퐁퐁 풍기는 하얀 셔츠를 머리에 서부터 뒤집어쓸 때의 기분,

* 겨울밤 부스럭 소리를 내며 이불 속으로 들어오는 고양이의 감촉.

어떤가요? 생각만 해도 기분이 좋아지지 않나요? 이런 게 '행복'이라면, 하루 종일이라도 행복의 리스트를 만들 수 있을 것만 같습니다.

갓 구운 빵, 보송보송한 수건들,
고양이와 침대에 누워있기!
사소한 것들이 주는 행복이 어쩌면
우리 삶을 더 가치 있게 만드는 것인지도 몰라요.
익숙함에서 오는 편안함, 가까운 사람과 공유하기 쉬운 것들,
언제나 내 곁에 있는 것들 말이죠.
특별한 행복만큼이나 평범한 행복도 중요하답니다.

소확행 小確幸

(명사) ①'작지만 확실한 행복'

②무라카미 하루키가 만들고 널리 알렸다.

(예문) 겨울밤 고양이가 이불속으로 들어오는 순간이 나의
소확행이다.

이처럼 하루키가 말하는 소확행은, 별 볼 일 없지만 누구나 경험할 수 있는 일상 속에서 느껴지는 작은 행복감을 뜻합니다. '작은', '사소한', '일상', '보통', '평범'과 관련이 있는 셈이죠. 우리도 늘 말하잖아요. **"행복이 뭐 별거야?"**

오캄, 라곰, 휘게

사실 '소확행'과 비슷한 개념은 이미 오래전부터 있었습니다. 예를 들어, 프랑스에서는 집 근처 카페에서 커피를 마시며 고요하고 조용하게 삶을 즐기는 것을 **오캄**au calme 이라고 불러

덴마크의 휘게, 스웨덴의 라곰 모두 소확행의 다른 말입니다. 따스한 차와 난롯불, 두툼한 스웨터와 털양말 그리고 가까운 친구들이 있다면 행복의 조건은 다 갖춘 것이죠!

요. 화려한 장식으로 집 안을 꾸미기보다는 창가에 핀 허브를 키우며 소박하게 공간을 채워나가는 삶의 방식을 스웨덴에서는 **라곰**lagom 이라고 부르고요. 또 **휘게**Hygge 는 따뜻한 스웨터를 입고 장작불 옆에서 핫초코를 마시는 기분처럼 편안하고 안락한 분위기를 의미하는 덴마크 말입니다.

이 단어들은 모두 거창한 목표를 내세우는 대신 사소한 순간들을 더 중요하게 여긴다는 공통점을 가지고 있습니다. 문화와 관계없이 현대인들은 작지만 확실한 행복을 꿈꾸는 것이죠.

그런데 '소확행'이란 단어는 일본에서 처음 소개됐던 당시에는 큰 주목을 받지 못했다고 해요. 오히려 2010년대 이후, 화려했던 경제 붐이 가라앉을 무렵 대만에서 '작은 위로를 준다'라는 컨셉으로 인기를 끌었습니다. 대중가요와 책, 영화, 광고에 자주 소개됐고 《너는 나의 소확행你是我的小确幸》이란 연애소설과 《안녕, 소확행!你好, 小确幸!》이란 수필집이 출간되기도 했습니다. 대만의 한 매체는 아예 '10대 소확행'을 선정해 발표하기도 했는데요. 그 내용에는 정말 누구나 마음만 먹으면 실천할 수 있는 일들이 포함돼 있었습니다. 함께 볼까요?

＊ 푼돈 벌기

＊ 맛있는 음식 먹기

＊ 가족과 함께 시간 보내기

＊ 실컷 늦잠을 잔 후, 깨우는 사람 없이 자연스럽게 잠에서 깨기

＊ 친구로부터 안부를 묻는 연락을 받기

＊ 친한 친구와 함께 여행 가기

＊ 좋은 책과 음악 감상하기

＊ 오랜만에 친구와 만나 가벼운 술 한잔을 앞에 두고 이야기 나누기

* 가성비 좋은 물건 사기

* 힘든 하루를 따뜻한 물로 샤워하며 마무리하기

참 쉽죠? 맞아요. 이렇게 작은 것에서부터 행복을 찾으면 매일매일 행복하지 않을 수가 없을 거예요.

웰빙, 힐링, 욜로
그리고 '소확행'

2000년대 초 한국 사회에서는 **웰빙**wellbeing 이란 단어가 인기를 끌었습니다. Being은 영어로 '삶' 혹은 '존재'라는 뜻이에요. 이 앞에 '좋은, 잘, 건강한'이란 의미의 well이 붙으면서 '좋은 삶' 혹은 '제대로 사는 것'이란 뜻의 '웰빙'이 탄생한 것이죠. 사람들은 돈을 더 쓰더라도 유기농 식품을 구매한다거나, 한층 넓은 평수의 쾌적한 집에서 산다거나, 꾸준한 운동을 통해 건강을 지키는 것을 모두 웰빙으로 불렀습니다. 그때는 돈과 관심만 있다면 누구나 소비를 통해 '웰빙'을 실천할 수 있었습니다.

그로부터 약 10년이 지난 2010년대에는 경제성장률이 점차 둔화되면서 웰빙 대신 **힐링**healing 이 뜨기 시작했습니다. 앞만 보며 달려온 '속도 중심 사회'에 지친 현대인들이 정신적인 위로와 치유를 찾기 시작한 겁니다. 힐링

소설, 힐링 음악, 힐링 카페, 힐링 영화 등 셀 수 없이 많은 '힐링 ○○'가 현대인들의 마음을 어루만졌습니다.

그러다 2017년에는 **욜로**YOLO가 등장했습니다. "인생은 오직 한 번뿐!You only live once"이라는 뜻의 욜로는 "지금 이 순간에 집중하라"라는 메시지를 던졌습니다. 장밋빛 미래를 위해 현실을 희생하라고 요구하던 **고도성장기**의 가치관에 허덕이던 현대인들에게 '욜로'는 마치 사막의 샘물처럼 시원함을 안겨줬어요. 보여주기식 삶을 사는 대신 진정으로 자신이 원하는 삶을 살아보라는 욜로의 주문에 사람들은 기꺼이 호응했죠.

그런데 한 가지 문제가 있었습니다.

"욜로, 대체 어떻게 하는 거야?"

행복은
지금 여기에!

그동안 '미래의 행복'을 쫓는 데만 급급했던 대한민국 사람들에게 어쩌면 그건 당연한 질문이었습니다. 그러니까 사람들은 그간 행복을 마치 하나의 과제처럼 받아들였던 겁니다. 다들 "내가 뭔가 큰 성취를 이루면, 그 보상으로 행복이 찾아올 거야!"라는 생각을 품고 있었던 것이죠.

> "많은 사람들은 자신의 행복이 오직 미래에만 있다고 생각한다."

2002년 출간되어 세계적인 베스트셀러가 된 《꾸뻬 씨의 행복 여행》에 나오는 말입니다. 대부분의 사람은 행복을 늘 저 멀리에 존재하는 것으로 가정하며 살아가죠.

> "저 가방과 옷을 산다면, 지금 내가 휴가지에 있다면, 만일 내가 저 대학에 들어간다면, 만일 이 회사에 취직하게 된다면…… 정말 행복할 텐데!"

"만약 ~라면"이라는 조건을 내세우며 '지금은 그 조건이 충족되지 않았기 때문에 행복하지 않다'라고 단정하는 모습, 여러분도 익숙하죠? 이처럼 사람들은 현재보다는 미래에 더 행복한 날이 올 거라는 막연한 기대를 갖고 있습니다.

그런데 지금까지 행복을 연구해온 많은 학자들에 따르면, 우리가 기대한 그 '미래의 순간'이 실제로 다가온다고 해도 생각했던 것만큼 행복하지 않을 수 있습니다. 행복의 순간이 주는 기쁨은 너무 짧게 지나갑니다. 그러니 우리가 비록 행복이라 여겼던 순간을 맞이한다 하더라도, 금세 또 다른 행복을 꿈꿀 수밖에 없는 거예요. 인간의 감정을 연구하던 학자들은 이처럼 결코 도달하기 어려운 행복의 특성을 가리켜 **행복의 쳇바퀴**hedonic treadmill 라고 불렀습니다.

행복에 대한 또 하나의 오해는 행복이 아주 특별한 경험에서 온다는 믿음입니다. 물론 일상에서 벗어나 해외여행을 떠나거나 생각지도 못했던 경품에 당첨되는 것, 몇 년을 준비한 끝에 어려운 시험에 합격하는 것처럼 매일 발생하지 않지만 사람들에게 큰 행복감을 주는 특별한 경험이 있다는 사실은 분명합니다. 하지만 더욱 중요한 것은 우리가 꼭 이런 특별한 경험에서만 행복을 느끼는 것은 아니라는 점입니다.

여러분이 좋아하는 아이돌 멤버와 밥을 먹는 것과 친구들

휴양지에서 보내는 멋진 한때와 좋아하는 책을 읽으며 보내는 평온한 오후를 상상해보세요. 사실 이 경험들이 주는 행복의 차이는 그렇게 크지 않을지도 모릅니다.

과 떠들썩하게 웃으면서 학교 앞 분식집에서 떡볶이를 사먹는 것, 둘 중에서 어떤 일이 여러분을 더 행복하게 할까요? 사람마다 다를 수는 있어도, 심리학자들은 친구들과 떡볶이를 먹는 일이 더 행복한 경험이 될 거라고 말합니다.

물론 평소 꿈꿨던 스타와의 만남도 각별한 행복을 주겠죠. 하지만 특별한 상황에서 오는 짜릿함은 금세 사라지기 마련입니다. 또 너무 특별한 경험일 경우에는 다른 사람들의 공감을 얻어내는 게 쉽지 않습니다. 반면 익숙하고 평범한 경험에서 느끼는 행복감은 다른 사람들과 쉽게 공유할 수 있고 공감도 얻을 수 있으니 더 큰 만족감을 불러옵니다.

해외여행과 같은 매우 특별한 경험에서 얻는 행복의 크기와 도서관에서 좋아하는 책을 읽으며 하루를 보내는 소소한 행복의 크기는 어쩌면 별로 차이가 나지 않을 수도 있습니다. **지금 내 옆에 있는 사람들과 공유하는 작고 소중한 순간**, 그것이야말로 여러분의 일상을 행복하게 가꿔주는 '소확행'인 거예요.

대한민국
최애 키워드로 등극

《트렌드 코리아 2018》에서 소개된 소확행 키워드는 오늘날까지도 뜨거운 인기를 누리고 있습니다. 명실상부 대한민국의 최애 키워드가 됐다고 해도 손색이 없을 정도의 열풍을 불러일으켰죠. 각종 SNS에는 #소확행 태그를 달고 행복한 순간을 기록한 포스팅이 넘쳐났고, 너도나도 자신만의 소확행이 무엇인지 고백하는 챌린지를 벌였습니다. 서점가에선 《곰돌이 푸, 행복한 일은 매일 있어》, 《행복해지는 연습을 해요》처럼 나만의 행복 담론을 이야기하는 에세이들이 베스트셀러 상위권을 휩쓸기도 했습니다. 기업들도 이에 질세라 "우리 제품을 구매하는 것이 곧 당신의 소확행"이라는 식의 마케팅 구호를 쏟아냈어요.

소확행이라는 말이 인기를 끌자, "소비는 확실한 행복"이라든가 "소고기는 확실한 행복" 등의 이색적인 패러디가 등장해 웃음을 자아내기도 했습니다. 한 햄버거 프랜차이즈는 역설적으로 '대확행'이라는 문구를 써서 버거의 크기를 강조하는 유머를 선보이기도 했고요.

이렇게 사람들은 자신만의 소확행을 찾고 그것을 즐기느라 분주했습니다. 말마따나 '작은 행복'을 찾는 일은 일상에서 쉽게 실천할 수 있고 비용도 적게 들뿐더러 친구들과도 공유가 가능하고 또 마음만 먹으면 매일 가능하거든요.

아침에 일어나 욕실에서 따뜻한 물로 샤워를 하는 것도 소확행이고 뽀송뽀송한 면 수건에 얼굴을 묻는 것도 소확행입니다. 집을 나서기 전에 마시는 따스한 커피 한 잔, 맛있는 점심 식사와 기분 좋은 산책, 생일 선물로 받은 작은 향수, 주말을 위한 영화 예매 등 일상의 모든 것은 소확행의 대상이 될 수 있습니다.

소확행이
만능은 아니야

소확행 열풍이 거세지자 이를 경계하는 목소리도 덩달아 커졌습니다. 누군가는 '자포자기가 아니냐'라는 우려 섞인 질문을 던지기도 했죠. 즉, 치열한 경쟁 사회에서 거대한 목표를 세워봤자 그걸 달성하는 일이 불가능하다는 사실을 일찌감치 깨달은 사람들이 일상에서 만족을 얻으며 일종의 자포자기처럼 행복을 추구하는 트렌드가 바로 '소확행'이라는 분석이었습니다.

열심히 노력하고, 피땀 흘려 힘든 일을 해내고, 더 큰 목표를 이루기 위해 치열하게 달리는 게 아니라, 적당히 일하고 적당히 쉬면서 소소한 행복에 만족하며 위로를 받는 데 익숙해지면 결국 발전 없이 나태해질 수 있다는 비판도 나왔습니다. 하지만 아무리 열심히 살아도 뭔가를 바꾸기 힘든 현대의 환경 속에서 사람들은 계속 소확행을 찾아 나섰고, 그를 통해 잠시나마 위로를 받았습니다.

어쩌면 무라카미 하루키가 말하는 '소확행'도 **힘들고 벅찬 일상 속에 숨어있는 찰나의 행복**을 의미하는 것일지도 모릅니다. 소설가라고 하면 보통 차를 마시며 책상에 앉아 천천히 소설을 써 내려가는 여유로운 직업이라고 생각하겠지만, 사실은 잠자는 시간을 아껴 글을 쓰거나 영감을 얻기 위해 낯선 곳을 여행하고 다양한 체험에 도전하는 소설가들이 많거든요.

지독한 일벌레이자 엄격한 자기관리로 유명한 하루키는 새벽 4시에 일어나 6시간 넘게 글을 쓰고, 하루에 10킬로미터 정도를 꾸준히 달리는 마라토너기도 합니다. '난 소확행으로만 살아갈래!'를 외치며 느슨하게 생활하는 사람들과는 확실히 다른, 치열한 삶을 사는 셈입니다. 이렇게 치열하게 살다 어느 순간에 마주치기 마련인 짧은 휴식과 단정하고 포근한 사물이 주는 다정함을 가리켜, 그는 소설가다운 감각을 발휘해 '소확행'이라는 멋들어진 이름으로 부른 것이죠.

지금, 이 찰나의 행복이 소중하다는 사실은 절대 부인할 수 없습니다. 하지만 소확행이 모든 고민의 해답이 되지는 않습니다. 지나친 긍정은 또 다른 스트레스를 유발할 수도 있고요. 더욱 중요한 것은 '작은 행복'을 추구하는 일이 '아예 큰 꿈을 꾸지 않는' 패배주의로 변질돼서는 안 된다는 점입니다.

미래를 위한 꿈을 품되, 오늘의 작고 소중한 행복들을 찾는 노력도 게을리하지 말자는 것. 이것이 바로 소확행 트렌드의 핵심입니다.

오늘, 여러분의 소확행은 무엇이었나요?

★ **오늘 하루, 행복했던 순간을 떠올려보세요.**

- 유독 맛있었던 점심, 내 걸음에 딱 맞춰 켜지던 횡단보도의 초록불!
  여러분만의 소확행은 무엇이었나요?

★ **여러분이 생각하는 행복의 조건은 무엇인가요?**

- 반려동물과 함께 사는 것? 장래희망을 이루는 것? 세 가지만
  꼽아봅시다.

★ **행복을 점수로 표현한다면, 여러분의 행복지수는 10점 만점에 몇
점인가요?**

- 2022년, 우리나라의 행복지수는 5.9점이었어요. 여러분의 행복지수는
  몇 점인가요?

★ 우리나라의 행복지수가 낮은 이유는 무엇일까요?

　- 우리나라 사람들은 어떤 점 때문에 '행복하지 않다'라고 느끼는 걸까요?

★ 주변 사람의 행복을 부러워한 적이 있나요?

　- 만일 부러워한 적이 있다면, 무엇 때문이었나요?

★ 만약 불행하다고 느낀다면, 그 이유는 무엇인가요?

　- 여러분이 생각하는 '불행'의 기준은 무엇인가요? 여러분은 무엇 때문에
　　불행한가요?

8

공정사회

◆

모두가 평등한 '공정사회'
단지 꿈일까요?

인천공항에
없는 딱 한 가지

세계적인 공항으로 이름난 대한민국의 자랑, 인천공항! 시설
좋고, 청결하고, 서비스도 만점인 이 인천공항에 없는 것이 딱
한 가지 있다는데요. 혹시 그게 뭔지 짐작이 가나요?

바로 **패스트트랙**fast track 입니다.

패스트트랙은 용무가 바쁘고 뭔가 사정이 있어서 다른 사
람들보다 조금 빨리 출국 수속을 마쳐야 하는 사람들을 위한
특별 서비스입니다. 누구나 공항에 가서 짐을 부치고 여권 검
사를 하고 보안 검색대를 통과해야 하는 긴 줄에 서본 기억이
한 번쯤 있을 겁니다. 때로는 이 과정에 한 시간 이상이 걸리
기도 합니다. 힘들고 지루하죠.

일반적으로 외국의 공항에서는, 무역 일을 하는 비즈니스

"아, 좀 빨리 가는
방법 없나?"

'줄 서기' 없이 빠른 수속을 밟을 수 있는 패스트트랙! 다른 나라 공항에 다 있는 패스트트랙이 인천공항에 없는 이유가 바로 '공정성' 때문이라니……. '이걸 찬성해야 하나, 반대해야 하나?' 복잡한 생각이 듭니다.

맨이나 VIP들을 위해 유료 패스트트랙을 운용하고 있습니다. 즉 돈을 더 내거나 일반석보다 몇 배 비싼 비즈니스 클래스 항공권을 사면 남들보다 더 빨리 수속을 밟을 수 있는 서비스예요. 시간이 부족한 사람들에게는 어쩌면 필수적인 서비스라고 할 수 있겠습니다.

우리나라에서도 오래전부터 "패스트트랙이 필요해!"라는 말이 나오고 있고, 또 이걸 만들어달라며 의견을 내는 사람들도 여럿 있습니다. 하지만 인천공항 측과 정부 부처는 매번 패스트트랙을 도입할 듯하다가도 결국은 하지 않고, 다시 추진하려다가도 멈추기를 반복합니다. 여러 이유가 있겠지만 '국민 정서에 맞지 않다'는 것이 결정적인 이유입니다. 국민 정서라니, 이게 무슨 말일까요?

국민 정서란 한 나라의 국민 대부분이 공유하는 가치관과 기질을 말합니다. 여러분에게도 익숙할 신조어인 '유교걸'과 '유교보이'(유교적인 사상을 가진 사람들을 장난스럽게 부르는 말)가 대표적인 예입니다. 유교 사상이 아직 사라지지 않은 대한민국에서는 과한 노출이나 파격적인 행동 등을 보고 깜짝 놀라는 사람들이 많잖아요.

패스트트랙 역시 이와 비슷한 맥락입니다. '모두가 공정해야 한다'라는 생각을 우리나라 국민 대부분이 공유하는 겁니다. 누구나 바쁜 건 마찬가지인데, 돈을 내면 패스트트랙을 이용해 빨리 나갈 수 있고 돈을 내지 않으면 오랫동안 줄을 서야 하는 상황이 공정하지 않다고 느끼는 거예요.

그래서 현재 인천공항의 패스트트랙은 몸이 불편한 사람이나 노약자, 임산부, 혹은 국가유공자 등에 한해서만 제공되고 있습니다.

동일한 경쟁, 동일한 규칙!
그것이 곧 페어플레이

지금 우리 사회가 말하는 **공정성**은 **동일한 경쟁에서는 동일한 규칙을 적용받아야 한다**는 생각과 밀접하게 관련돼 있습니다. 예컨대 마트 계산대에서 다들 똑같이 줄을 서서 기다리고 있는데, 새치기를 한 누군가가 먼저 계산하는 특혜를 받으면 "공정성이 침해됐다"라는 기분이 드는 것과 같습니다.

공정성은 사회를 제대로 유지시키기 위해 꼭 필요한 요소인 동시에 사람이라면 **누구나 가지고 있는 본능**에 가깝습니다. 재미있는 사례를 하나 살펴볼까요? 패스트푸드점에서 진행한 실험에 의하면, 손님들은 3~4개 줄로 나누어 서서 서비스를 빠르게 받아가는 것보다도 일렬로 쭉 선 채 차례차례 느린 서비스를 받는 쪽을 더 선호한다고 합니다. 내가 좀 더 기다리는 한이 있더라도 말이죠. 이건 나보다 늦게 온 사람이 운 좋게 짧은 줄에 섰다는 이유만으로 먼저 서비스를 받아가는 걸 용납하지 못하기 때문입니다.

입시 경쟁, 취업 경쟁이 유독 치열한 우리나라에서는 입시에 관련된 부정이나 취업 청탁, 비리에 관한 사건들을 매우

 저 친구는 왜 우리보다 앞에서 출발하는 거지? 이건 규칙 위반이야. 정말이지 공정하지 않아!

엄정하게 대처합니다. 내신에 반영되는 시험지 유출 사건이나 대학 입시를 위한 허위 증명서, 유력 정치인을 통한 인사 청탁 등은 모두 중요한 뉴스로 다뤄지고 재판을 받으며 형사 처벌 대상이 됩니다. 여론도 연일 들끓습니다.

사소하게는, 여러분이 버스를 기다리는 줄에 섰다고 상상해보세요. 물론 대열의 중간에 슬쩍 끼어드는 사람도 있지만 대부분은 차례대로 줄을 선 채 자신의 순서를 기다립니다. 예의 없이 새치기를 하는 행동은 곧장 '극혐'의 대상이 되죠. 때로는 손님들을 빨리 태우기 위해 버스 기사님이 뒷문을 열어도 굳이 앞문으로 타기를 고집하곤 합니다. 새치기는 용납이 안 됩니다.

결혼 준비도 마찬가지입니다. 요즘은 "결혼도 반반씩 해야 한다"라는 생각이 널리 퍼져 있습니다. 결혼에 들어가는 비용부터 살림 분담까지 전부 반반입니다. 부인이 요리를 하면 남편은 설거지를, 부인이 청소를 하면 남편은 쓰레기를 버리는 등 공평하게 맡는 것이 당연해졌습니다. 명절에 부모님 선물을 할 때도 양가에 똑같이 하는 것은 물론이고 어느 한쪽에 치우치면 안 됩니다.

민주 사회의 경쟁에서 공정성은 아주 중요합니다. 모두 함께 출발선에 서서 신호가 울리면 동시에 뛰어나가야 한다는 생각이죠. 스포츠에서는 이를 두고 **페어플레이**fair play라고 부릅니다. 조금이라도 먼저 나가거나 조금이라도 앞에 서 있다면 반칙이 됩니다. 이러한 공정성에 대한 열망과 불공정에 대한 엄중한 시선은 우리 사회의 거의 전 분야에서 감지되고 있습니다.

혼쭐 vs. 돈쭐?
소비에도 공정성 바람

공정을 향한 관심은 일상생활에서의 소비 활동에도 영향을 미칩니다. 사례를 하나 살펴볼까요? 몇 년 전, 배달 서비스를 제공하는 한 회사가 무료 쿠폰을 뿌리는 이벤트를 진행했습니다. 그런데 그동안 열심히 서비스를 이용한 충성 고객들에게는 천 원짜리 쿠폰을 발급해준 반면, SNS 인플루언서나 유명 연예인들에게는 만 원짜리 쿠폰을 듬뿍 줬다는 사실이 알려지며 논란을 낳았죠. 각종 온라인 커뮤니티는 해당 회사를 비판하는 글로 도배됐습니다. 회사 측의 발 빠른 사과로 어느 정도 논란이 가라앉긴 했지만, 이 사건은 공정성을 보장하지 못하는 기업의 마케팅 활동은 오히려 소비자들에게 나쁜 인식을 남기고 기업에 위기를 불러올 수 있음을 보여주는 본보기로 남았습니다.

이와 반대로 공정성을 넘어 **선한 영향력**까지 행사한 경우에는 소비자들의 아낌없는 칭찬이 쏟아집니다. 2019년 4월, 강원도 동해안 일대에 대형 산불이 발생하자 전국의 소방대원들이 진화를 위해 일제히 달려갔는데요. 특히 전라남도에 위치한 해남소방서는 무려 570킬로미터의 거리를 달려 진화 작업에 참여했습니다. 이에 강원도 춘천의 한 닭갈비 업체가 고마움을 표시하기 위해 해남소방서에 닭갈비 택배를 보낸 것이 알려지자, 그 업체를 '돈쭐' 내주기 위한 성원이 온라인에서 이어졌습니다. 닭갈비 업체의 사장님은 평소 소방대원들

선한 영향력

누군가 착하고 선한 행동을 해서 영향력을 퍼트리면, 다른 사람들도 감명을 받아 선행에 동조한다는 의미예요. '기업의 선한 영향력'이란 어떤 기업이 금전적인 이득을 생각하지 않고 사회적으로 의미 있는 행동을 했을 때, 그 선행을 칭찬하는 표현으로 쓰인답니다.

의 열악한 근무 환경을 안타깝게 생각하던 차에 소식을 전해 듣고 작은 성의를 표시한 것뿐이라며 겸손한 소감을 밝혀 훈훈함을 더했습니다.

'닭갈비 선행'이 알려진 것은 닭갈비 택배를 받고 감동한 소방관들이 SNS에 미담을 공유한 덕분이었습니다. 앞서 언급한 배달 회사의 '쿠폰 차별' 사건도 쿠폰을 받은 연예인이 자신의 SNS에 사진을 올리며 불거진 일이었죠. 이렇듯 **인터넷**과 **SNS**를 통해 각종 업체들의 악행과 선행이 낱낱이 밝혀지는 가운데, 공정심으로 무장한 누리꾼 소비자들의 '권선징악' 활동도 더욱 거세지고 있습니다.

팀플은
정말 싫어

요즘은 학생 때부터 조별 과제, 즉 '팀플(팀 프로젝트team project
의 줄임말)'을 많이 하죠? 팀을 중심으로 협업하며 과제를 수
행하는 **팀플**은 구성원들과 다양한 아이디어를 교환하며 사고
과정을 발전시킬 수 있다는 장점이 있습니다. 실제로 사회에
나가면 팀 단위로 업무를 수행하는 경우가 많기 때문에, 단체
생활에 대한 선행 학습을 하기에도 좋습니다.

그런데 여러분, 혹시 실제 대학생들의 강의 평가·추천 플
랫폼에 자주 올라오는 질문이 뭔지 알고 있나요?

"팀플 없는 수업 추천해주세요!"

예전에는 학점이 후한 과목이나 과제가 적은 강의에 대한
추천을 부탁했다면, 요즘은 조별 과제가 없는 강의를 알고 싶
어합니다. 어떻게든 팀플이 없는 수업, 혼자만 과제를 하고 혼
자만 점수를 받을 수 있는 수업을 찾아 듣는 겁니다. 팀플은
왜 학생들의 기피 대상이 됐을까요?

내가 더 열심히 했는데, 왜 학점은 같은 거야?
이래서 팀플은 공정함과 거리가 멀어!

　요즘 학생들은 개인적인 성향이 강해 혼자 공부하는 것을 선호하기도 하지만, 팀 과제를 싫어하는 가장 큰 이유는 팀 내에 항상 존재하기 마련인 무임승차자(프리라이더free-rider) 때문입니다. 팀은 일종의 '운명 공동체'라, 열심히 한 학생이든 설렁설렁 참여한 학생이든 팀 전체가 학점을 동일하게 받거든요. 그러니 열심히 참여한 학생은 아무래도 조금 억울하겠죠. "팀플은 공정하지 않아!"라는 이야기가 나오는 것도 바로 이러한 이유에서입니다.

　열심히 하는 학생들이 원하는 것은 **자신의 능력과 노력에 대한 정당한 평가**입니다. 그런데 팀플을 하다 보면, 누가 어떤 일을 얼마나 열심히 해냈는지를 명확하게 평가하기가 어려워요. 개인의 능력보다는 팀의 성과에 따라 점수가 매겨지죠. 그러니 학생들은 '나의 공로나 기여도가 제대로 인정받지 못한다'라고 느끼게 됩니다. 이 때문에 최근 대학생들은 조별 과제보다는 개인 과제를, 주관식 시험보다는 객관식 시험을 더 선호한다고 합니다.

내신이나 논술, 면접 등으로 평가하는 수시 전형보다 오직 수능 점수로만 평가하는 정시 전형이 더 공정하다고 말하는 것도 이와 같은 맥락입니다.

주관적 요소와 공정성

그렇다면 **주관적 요소**가 개입되지 않은, **객관적 평가**에 의해서만 공정성을 확보할 수 있는 걸까요? 이에 답하기 위해서는 "특정 대상에게 특혜를 주지 않고 누구에게나 공정한 평가 시스템을 적용할 수 있는가?"를 먼저 생각해야 합니다.

여러분도 축구·야구·피겨스케이팅처럼 심판의 평가에 따라 결과가 달라지는 경기보다 달리기·수영·높이뛰기 같은 기록경기를 볼 때 마음이 더 편하지 않나요? 아무리 봐도 우리나라 선수가 더 잘했는데 금메달은 다른 나라 선수에게 간다거나, 분명히 상대 팀의 오프사이드 반칙인데도 심판은 문제없다며 경기를 계속 진행할 때면 보는 사람이 다 속이 타고 심판이 미워지죠. 이렇게 심판의 주관적 판단이 개입되는 스포츠일수록 잡음이 많고 여론이 들끓는 경우도 많습니다. 최근 축구·야구 등의 심판 경기에 비디오 판독 시스템을 도입하는 것도 이 때문입니다. 하지만 아무리 자세히 본다 해도, 심판의 주관적 판단을 완전히 배제할 수는 없습니다.

반면 달리기나 수영 같은 기록경기는 100분의 1초까지 정확히 측정이 가능한 시계가 있어 잡음이 적습니다. 그저 빨리 도착하는 사람이 이기는 것이 규칙이라, 심판이 주관적 개입을 하기 힘들죠. 이러니 보는 사람도 덩달아 마음이 편해지고요.

여기서 알 수 있는 것은, 규칙이 간단할수록 공정성은 쉽게 확보된다는 것입니다. 게임의 룰이 복잡하고, 여러 명이 동시에 참여하고, 고난도의 기술을 요할수록 객관적인 판단은 어려워집니다. 이건 스포츠 경기에만 해당하는 이야기가 아니에요.

예를 들어, 대학교 자체는 수능 성적에 따라 입학한다 해도, 석사나 박사 과정처럼 조금 더 심화적인 대학원 과정에 입학할 때는 객관식 시험을 치르지 않습니다. 대신 그동안의

객관식 시험은 공정하고, 주관식은 그렇지 않다? 맞는 말이기도 하고, 틀린 말이기도 합니다.

학문적 성과를 검토하고 면접을 보는 등 여러 면을 다양하게 평가하죠. 여기에 교수의 주관적 개입이 전혀 들어가지 않는다고 볼 수 없습니다.

대학 입시에서 탈락했을 때는 내가 성적이 미달이라 불합격했다는 사실을 확인하고 납득할 수 있지만, 이런 식의 다면 평가 시스템에서는 내가 왜 떨어졌는지를 알기가 어렵습니다. 회사에서 사람을 뽑을 때도 마찬가지예요. '어차피 낙하산이 뽑히는' 식의 부당한 상황이 아니더라도, 수능 시험과 같은 엄격한 객관성은 결여된다고 볼 수 있습니다. 그렇다고 해서 이를 두고 "공정하지 않다"라고 말할 수 있을까요?

객관식 시험의 공정성은 누구나 인정하지만, 객관식이 주관식보다 더 '훌륭한 방식'이라고는 누구도 단정 지을 수 없을 겁니다. 객관식 시험은 평가에 따른 잡음을 없애거나 빠른 시간 안에 효과적으로, 혹은 적은 비용으로 가능한 평가 방식일 뿐, 숨어있는 인재를 찾기에는 역부족입니다. 또 저마다의 독특한 생각을 펼쳐 창의성을 표현할 수 있는 다른 방법이 없는 상태에서는 모든 학생이 객관식 시험에서 좋은 점수를 받기 위해 틀에 박힌 공부만을 해야 하죠.

이 모든 것이 단순히 '공정성'을 유지하기 위한 일이라면, 공정성이라는 가치 아래 희생되는 것들도 있다는 사실을 한 번쯤은 생각해봐야 합니다. 다른 요소들을 고려하지 않고 무작정 공정만을 최고의 기준으로 삼는 일은 위험할 수도 있다는 뜻입니다.

사회가 평등할수록
더욱 공정성을 원한다?

우리 사회에선 몇 년째 **공정**이 화두입니다. 문재인 전 대통령은 취임사에서 "기회는 평등하고, 과정은 공정하고, 결과는 정의로울 것입니다"라고 말했습니다. 윤석열 대통령은 "공정과 상식"의 사회를 만들자고 말했고요. 대통령들이 취임식에서 한 번씩 강조할 만큼 공정의 가치는 모두에게 중요하게 여겨지고 있습니다.

그래서인지 어떤 이들은 우리나라가 유독 공정성에 민감하다고 말하기도 합니다. 대한민국은 누구나 법에 의해 평등을 보장받는 민주 사회입니다. 자신의 의견을 자유롭게 말하고 공유할 수 있죠. 빈부격차는 여전히 존재하지만, 과거에 비해서는 국민 전체의 소득 수준이 높아졌고 공평한 공교육을 통해 사회적인 계급 격차도 꽤 해소된 편입니다. 그런데도 공정을 외치는 한국인의 목소리는 왜 점점 커져만 가는 걸까요?

여기 흥미로운 이론이 하나 있습니다. 우리 사회의 불평등성이 낮아졌기 때문에 공정성에 대한 사람들의 열망이 오히려 증가한 것이라는 역설적인 주장입니다. 19세기에 활약한 프랑스의 정치사상가 토크빌Tocqueville에 의하면, 사회적 신분 차이가 정해져 있던 봉건시대에는 서로의 처지를 비교조차 하지 않았기 때문에 차별에 대한 고민 자체가 없었다고 해요. 왕과 귀족, 성직자, 기사, 평민 그리고 농노 등의 계급이 확고했던 당시의 봉건사회에서는 누구나 태어나서 죽을 때까지 본인이 속한 계급으로 살았고, 이를 당연하게 여겼습니다. "당연하지 않아!"라고 생각한 누군가가 계급 제도를 뒤엎으려 하면 곧바로 심한 벌을 받았죠. 프랑스 대혁명이 일어나 이런 봉건제가 무너지기 전까지는 그랬습니다.

혁명 후, 사회제도의 발달로 신분 차별이 없어지자 표면상으로는 누구나 상위층에 속할 기회를 갖게 됐습니다. 바로 여기서 '공정성'의 문제가 발생하기 시작했습니다. 공정한 사회를 만들어가다 보면 직면할 수밖에 없는, 골치 아픈 모순이 하나 있거든요.

정말로 우리 사회가 완전하게 공정하다면, 가난한 사람이나 실패한 사람들은 자신이 힘든 이유를 사회구조에서 찾을 명분이 없어집니다. 사회가 이리도 공정하고 평등함에도 불구하고 자기가 실패자로 남는 이유는 결국 스스로의 재능과 노력이 남들보다 못하다는 뜻이 되거든요.

이때 "우리 사회에는 분명 공정한 평가 기준이 있지만, 그

걸 적용하는 과정은 결코 공평하지 않아!"라고 생각한다면 자신이 성공하지 못한 것에 대해 어느 정도 변명거리가 생깁니다. 우리가 끊임없이 노력하며 평등한 사회를 구축해갈수록 공정성에 대한 목소리가 줄어들기는커녕 덩달아 커지는 이유는 바로 이 때문입니다.

기술혁신,
공정성에 날개를 달다!

공정성에 대한 관심이 **온라인 기술의 발달**과 **네트워크의 확장**에 따른 것일 수 있다는 주장도 나옵니다. 즉, 뭔가 억울한 일을 겪은 사람들이 예전에는 그저 꾹꾹 참거나 가족과 친구들에게만 불만을 털어놨다면, 지금은 자신의 SNS를 통해 세상 사람 모두에게 이야기할 수 있는 시대가 됐다는 겁니다.

"들어봐. 나 오늘 정말 불공정한 일을 겪었어!"

실시간으로 여러 사람과 소통하는 일이 가능한 초고속 네

SOCIAL NETWORK

TEMPLATE DESIGN LOREM IPSUM
DESIGN LOREM IPSUM TEMPLATE
TEMPLATE DESIGN LOREM IPSUM
DESIGN LOREM IPSUM TEMPLATE

TEMPLATE DESIGN LOREM IPSUM
DESIGN LOREM IPSUM TEMPLATE
TEMPLATE DESIGN LOREM IPSUM
DESIGN LOREM IPSUM TEMPLATE

TEMPLATE DESIGN LOREM IPSUM
DESIGN LOREM IPSUM TEMPLATE
TEMPLATE DESIGN LOREM IPSUM
DESIGN LOREM IPSUM TEMPLATE

지금은 실시간으로 쌍방향 커뮤니케이션이 가능한 초고속 네트워크의 시대! 초고속 네트워크는 불공정하고 억울한 일을 더 빨리, 더 넓게 퍼트릴 수 있어요. 사람들이 공정을 더욱 열망하게 만드는 기폭제가 되죠.

트워크 시대에 개인이 겪은 불공정 사건은 순식간에 커다란 사회적 이슈로 번집니다. 가령 우리가 SNS에 개인적으로 겪은 불공정 경험에 대한 게시물을 올리는 순간, 친구뿐 아니라 수많은 사람이 그 게시물을 보고 널리 공유하기 시작하죠.

과거에는 이런 일이 불가능했습니다. 예전에는 소수의 상위 집단이 정보를 독점했고 좋은 소식이든 나쁜 소식이든 밖으로 새어나가지 못하게 막으며 권력을 유지했거든요. 하지만 이러한 권위주의 사회 체계는 허물어진 지 오래입니다. 요즘은 일반 개인과 소비자들이 스스로 정보를 생산하고 확산시키며 주체적으로 행동하는 시대입니다. 진실된 것, 공정한 것을 꼼꼼하게 따져 결정을 내리죠. 고객에게 불친절한 음식점에는 낮은 '별점'으로 점수를 매기고, 직장인들은 회사에 대한 말 못할 불만을 '블라인드'라는 익명 앱에 올립니다.

한 사람의 개인은 힘이 작지만 그런 개인들이 모여 큰 목소리를 내면 사회 전체를 긍정적으로 바꿀 수 있다는 자신감이 생기면서, 사람들은 자연스레 사회의 긍정적인 변화를 기대하게 됐어요. 선한 영향력을 보여주는 기업을 좋게 평가하고, 그 기업의 제품을 구매함으로써 우리 사회의 공정성을 높인다는 생각을 하기도 합니다.

풍부한 인터넷 정보와 네트워크를 통한 실시간 소통으로 무장한 오늘날의 젊은 층, **페어플레이어 세대**는 대한민국 역사상 가장 공정을 추구하는 세대로 알려져 있습니다. 이들의 페어플레이 정신이 더 공정한 대한민국을 만들어 나가기를 응원합니다.

생각나누기

★ 여러분은 인천공항에 패스트트랙이 필요하다고 생각하나요?

- 패스트트랙과 공정성에 대한 여러분의 의견을 자유롭게 써봅시다.

★ 객관식 시험은 정말 공정한 걸까요?

- 세상의 모든 시험이 객관식으로 바뀐다면 지금보다 훨씬 공정한 평가가
  이뤄질까요?

★ 살면서 '공정하지 않은 일'을 겪은 적이 있나요?

- '불공정하다'라고 느낀 순간, 여러분은 어떻게 행동했나요?

★ 팀플이 있는 수업과 없는 수업, 둘 중 어떤 수업을 더 선호하나요?

- 여러분은 팀플을 어떻게 생각하나요? 팀플은 공정한 걸까요, 불공정한
걸까요?

★ 공정성이 점점 더 중요해지는 이유는 뭘까요?

- 2020년에 처음 소개된 '페어플레이어' 트렌드가 지금까지도 우리 사회
의 주요 가치로 여겨지는 이유를, 여러분의 관점에서 자유롭게 생각해봅
시다.

친구들은 책을 읽고 어떤 생각을 했을까요?
사전체험단 이벤트 참여자들의 글을 통해 친구들의 생각을 읽어봅시다.

여러분이 생각하는
행복의 조건은 무엇인가요?

내가 생각하는 행복의 조건은 경제적 자유, 맛있는 음식을 먹는 것, 그리고 건강하게 사는 것이다. 경제적으로 안정되면 취미나 다른 소일거리를 즐길 수 있다고 생각한다. 나는 달달한 디저트나 음식을 매우 좋아하기 때문에, 이를 걱정 없이 섭취하는 것도 나의 행복의 한 부분이다. 이 모든 것을 실천하기 위해서는 건강이 절대적으로 필요하기 때문에, 이를 나의 행복 조건에 포함시켰다.

김호정 (경원중학교 1학년)

잠들기 전에 가장 많이 하는 일은 무엇인가요?

김하늬 (대전상대초등학교 6학년)

저는 매일 밤 잠들기 전에 유튜브를 많이 시청합니다. 제가 진심으로 좋아하는 유튜버들이 있기 때문입니다. 그런데 제가 좋아하는 걸 하는 건 좋지만 그 시간이 너무 긴 것은 아닐까 생각합니다. 바로 자기 전에 1시간씩 본다는 것인데, 별로 많지 않다고 생각하실 수 있지만 매일 1시간씩 보기도 하고, 여유 시간 2시간 중 절반의 시간이라는 점을 생각하면 매우 오랫동안 보는 것입니다. 그러나 제가 좋아하는 유튜버들, 예를 들면 침착맨과 선바님...의 영상을 보면 기분이 좋아지고 내일도 뭔가 일이 잘 풀릴 것이라는 희망이 생깁니다. 유튜브 보는 시간을 갑자기 줄일 수는 없으니 5분씩이라도 꾸준히 줄여야겠습니다.

여러분에게 가장 익숙한 언택트 기술은 무엇인가요?

학교 앞 무인 점포 문방구 '빵○똥○'에서는 카드 및 현금 결제도 쉽게 해결할 수 있고, 주인분의 눈치에 물건을 재빠르게 골라야 하거나, 일일이 물어봐야 하는 번거로움까지 차단해주어 아주 자주 이용한다. 무인이어도 우리들은 깔끔히 필요한 것만 구경해 집을 뿐 다른 물건에 손대지 않는다. 솔직히 이것저것 쓸데없이 만지고 구경하는 것도 시간이 아까운 청소년들은 물론 계산도 철저하다. 오늘도 훨씬 편한 언택트 기술에 대만족하는 하교길이었다.

이규진 (태랑중학교 2학년)

앞으로의 언택트는
어떻게 진화할까요?

일단 이 언택트가 좋은 쪽으로 발전한다고 치면 일단 로봇 배달은 로봇이 전국을 돌아다니며 할 것 같고, 스포츠 경기를 할 때도 경기장 구석구석에 부착되어 있는 카메라로 AI가 심판 역할을 할 수 있을 것 같다. 또 요즘 무인점포는 사람이 물건을 놓아야 하지만, 미래에는 로봇이 직접 물건을 배달하고 진열도 자동으로 할 수 있는 시대가 올 것 같다. 하지만 안 좋은 쪽으로 발전을 한다면 영화 〈터미네이터〉처럼 될 수도 있을 것 같다.

김재윤 (대전상원초등학교 6학년)

살면서 '공정하지 않은 일'을
겪은 적이 있나요?

학기 초에 임원 선거가 있는데 정말 학기가 시작하자마자 얼마 되지도 않아 친구들이 어떤지 알기도 전에 투표가 있었는데 그 과정을 보면서 이 선거가 공정한가에 대해서 생각한 적이 있습니다. 단순히 서로를 잘 모르기 때문에 뭔가 외모를 보거나 진지하지 못하게 장난스럽게 분위기가 흘러가는 걸 보면서 정말 아이들이 학급을 위한 임원 선거가 아니고 또한 공정하지 않다고 느꼈습니다.

한호연 (강일중학교 2학년)

앞으로의 언택트는 어떻게 진화할까요?

언택트는 더 발전하게 될 것이고, 아마 사용이 능숙치 못한 어르신들을 위한 음성 지원이 추가되지 않을까? 키오스크에서 버벅대는 어른들을 많이 봤는데, 보이스 서비스가 능숙히 되면 참 좋겠다는 생각이 든다. 기술의 진화가 사람의 노화를 모두 커버할 수 있으면 좋겠다.

이규진 (태랑중학교 2학년)

여러분이 생각하는 인공지능의 장점은 무엇인가요?

사람은 심리 상태에 따라 언어와 신체 폭력 등 여러 안 좋은 변화들이 있는데 프로세스에 따라 움직이는 인공지능은 늘 한결같다는 게 강점이라 생각한다. 반복되거나 무거운 것을 대신 들어주거나 하는 일상의 편리함을 잘 활용해 환자와 가족, 간병인은 인간적인 교감에 집중할 수 있을 것이다.

김주하 (일신여자중학교 2학년)

여러분은 인천공항에 유료 패스트트랙이 있어야 한다고 생각하나요?

한호연 (강일중학교 2학년)

인천공항에 교통약자를 위한 패스트트랙은 있는 걸로 알고 있습니다. 거기까지 저도 동의하지만 더 이상은 필요하지 않다고 생각합니다. 놀이동산에 가면 매직패스라고 돈을 내면 줄을 서지 않고 먼저 이용할 수 있는 티켓이 있는데 몇 시간씩 줄을 서서 기다리는 사람 옆으로 매직패스 이용자들은 먼저 지나가는 걸 보면서 속으로 화가 난 적이 있습니다. 그런 시설은 이익을 내기 위한 사기업이기 때문에 어느 정도 감안할 수 있지만 인천공항은 공기업이기 때문에 좀 더 공공을 고려해서 단순하게 돈을 더 지불할 수 있다고 해서 그런 혜택을 주는 건 아니라고 생각합니다.

행복을 점수로 표현한다면, 여러분의 행복지수는 10점 만점에 몇 점인가요?

나의 행복지수는 6.3이점이다. 대한민국 시민들은 사회적 지지와 관용에서 낮은 점수를 받아 세계행복보고서에서 하위권에 머물렀다. 나는 아직 나와 다른 사람들을 신기하게 보고 너그럽게 이해하는 것이 어렵지만, 가족, 중학교 친구들, 친척 등 내가 의지하고 기댈 수 있는 사람들이 있다. 또한 인간관계를 확장하려고 노력 중이다. 그래서 대한민국 평균 행복지수보다 높은 6점대를 선택했다.

김호정 (경원중학교 1학년)

여러분은 OTT나 유튜브를 볼 때, 배속 기능을 사용하나요?

저는 영상을 볼 때 배속 기능을 사용하지 않습니다. 왜냐하면 저는 제가 진심으로 좋아하거나 보고 싶은 영상만을 보기 때문입니다. 저는 넷플릭스로 애니메이션이나 영화를 자주 보는데, 배속 기능을 사용하면 대사를 놓치거나, 작은 디테일을 보지 못하거나, 배경 음악을 제대로 감상할 수 없거나, 장면 하나하나의 분위기를 온전히 느낄 수 없기 때문입니다. 배속 기능을 사용하면 감독이 의도한 부분들을 100% 즐기지 못하게 되고, 제작자분들에 대한 예의가 아니라고 생각합니다. 그리고 저는 유튜브를 볼 때에도 제가 진심으로 좋아하는 유튜버의 영상을 온전히 즐기기 위해 시청하기 때문에 영상 길이가 1분이든 10시간이든 길게 느껴져도 배속을 사용하지 않고 끝까지 봅니다. 사실 간단하게 한 문장으로 말할 수 있는데, 바로 재미있는 것만 봐서 배속 기능을 사용할 필요가 없다는 것입니다! 그리고 이것은 저같이 시간이 여유 있는 사람만이 누릴 수 있는 특권이기도 합니다.

김하늬 (대전상대초등학교 6학년)

사실 유행이나 트렌드는 '알고 있다면 도움이 된다'라고는 생각했었는데 왜 도움이 되는지는 생각해보지 못했고, 평소에는 트렌드에 관심이 크게 없었습니다. 그러나 〈챕터1: 우리가 트렌드를 알아야 하는 이유〉를 읽고, 특히 그 중에서도 '트렌드는 우리 사회를 바라보는 창문이다'라는 문장과 '모든 이슈는 트렌드에 뿌리를 두고 있다'라는 문장이 마음에 와닿으면서 앞으로는 트렌드에 관심을 더 가지게 될 것 같습니다.

– 김하늬 (대전상대초등학교 6학년)

트렌드!

그저 쫓아가야 하는 유행이라고만 생각했는데 《청소년을 위한 김난도 교수의 트렌드 수업 1》 샘플북을 읽어보니 현대사회를 이해하기 위해서는 꼭 필요한 필수 지식이라는 걸 알게 되었습니다. 청소년들이 이 책을 읽고 꼭 한번 트렌드에 대한 자신의 생각을 정리할 수 있는 시간을 보냈으면 좋겠다는 생각을 했습니다. 샘플북을 미리보기로 읽어봤는데 아무래도 본책이 나오면 저도 아들과 함께 이 책을 들고 생각나누기를 하고 있지 않을까 상상해봅니다.

– 김연재 (보정초등학교 6학년 허건 어머니)

청소년을 위한 김난도 교수의 트렌드 수업 1

초판 1쇄 발행 2024년 7월 9일
초판 2쇄 발행 2024년 7월 17일

지은이 김난도
펴낸이 성의현
펴낸곳 (주)미래의창

글·구성 편집부
편집 김성옥 · 조소희
디자인 공미향 · 강혜민

출판 신고 2019년 10월 28일 제2019-000291호
주소 서울시 마포구 잔다리로 62-1 미래의창빌딩(서교동 376-15, 5층)
전화 070-8693-1719 **팩스** 0507-0301-1585
홈페이지 www.miraebook.co.kr
ISBN 979-11-93638-28-6 (43320)

※ 책값은 뒤표지에 표기되어 있습니다.

생각이 글이 되고, 글이 책이 되는 놀라운 경험. 미래의창과 함께라면 가능합니다.
책을 통해 여러분의 생각과 아이디어를 더 많은 사람들과 공유하시기 바랍니다.
투고메일 togo@miraebook.co.kr (홈페이지와 블로그에서 양식을 다운로드하세요)
제휴 및 기타 문의 ask@miraebook.co.kr